Pela preservação do
humano

Copyright do texto © 2010 Nelson Saldanha
Copyright da edição © 2010 A Girafa

Todos os direitos desta edição reservados à
Manuela Editorial Ltda. (A Girafa)
Rua Caravelas, 187
Vila Mariana – São Paulo, SP – 04012-060
Telefone: (11) 5085-8080
livraria@artepaubrasil.com.br
www.artepaubrasil.com.br

Diretor editorial: Raimundo Gadelha
Coordenação editorial: Mariana Cardoso
Assistente editorial: Ravi Macario
Revisão: Jonas Pinheiro e Alexandre Teotonio
Diagramação, projeto gráfico e capa: Ligia Daghes
Impressão: Orgrafic

CIP-BRASIL. CATALOGAÇÃO-NA-FONTE
SINDICATO NACIONAL DOS EDITORES DE LIVROS, RJ

S154p
2.ed.
Saldanha, Nelson, 1933-
  Pela preservação do humano: antropologia filosófica e teoria política / Nelson Saldanha. –
2.ed. – São Paulo: A Girafa, 2010
  200p.

  Inclui bibliografia
  ISBN 978-85-63610-00-3

  1. Antropologia filosófica. 2. Ciência política – Filosofia. 3. Ciências sociais – Filosofia.
  I. Título. II. Título: Antropologia filosófica e teoria política.

10-4017.   CDD: 128
                                CDU: 128

12.08.10   24.08.10   021022

Impresso no Brasil   Obra em conformidade com o Acordo
Printed in Brazil   Ortográfico da Língua Portuguesa

Nelson Saldanha

Pela preservação do humano
Antropologia filosófica
e teoria política

2ª edição

São Paulo, 2010

Para
   Elza Roxana
   Gustavo Eduardo
   André Guilherme
   Alexandre Henrique

Para
   Frederico Pernambucano de Mello, com agradecimento

Sumário

Pela preservação do humano 9

Antropologia filosófica e teoria política 19

A história como testemunho 67

Como construir uma teoria política 81

Polis-diálogo
Sobre os arquétipos clássicos
da política e de seus problemas centrais 97

História, revolução e utopia 111

Templo e palácio 147

Preservação do passado e teorização filosófica:
observações sobre o pensamento latino-americano 169

Filosofia e história 183

História, utopia, história. 191

Pela preservação do humano

Será evidentemente um truísmo, mas sempre cabe dizer que em cada grande crise histórica se coloca em perigo a permanência do humano, como ser e como condição. E também de sua autoimagem, que realimenta seu ser e alimenta-se de sua condição. Também cabe dizer, mesmo podendo ser outro truísmo, que é no próprio homem que radicam os perigos para a permanência do humano.

O ser chamado **homem**, aludindo ele mesmo a um mínimo de constantes presentes em sua experiência, chegou ao adjetivo "humano". E com este, à representação de um atributo básico, denominador de outros atributos: "humano" como correlato de uma condição em que os homens se reconhecem, como qualificação do ser que são os entes humanos. Humano, sub-humano, desumano são pontos de referência que aparecem quando de certas alusões, que pressupõem a unidade daquele atributo básico. Geografia e história, desde Heródoto e desde Strabão, incluem, dentro do conceito de "humanidade", as manifestações mais diversas: povos, grupos, cidades, hábitos, línguas, figuras. O **humano**, feito de configurações superpostas, faz-se (ou fez-se) também de valorações divergentes, que confluem ao incidir sobre uma mesma "condição".

Essa noção genérica chega ao final do século XX, que é um final de milênio, íntegra no seu alcance nominal, mas confusa quanto ao seu conteúdo. De modo que quando pensamos nas grandes crises e nas ameaças à preservação do humano, acodem, de dentro mesmo da frase, dúvidas que se referem a isto: qual o "humano" que se menciona?

Preservar o humano é mais do que aplicar ao "gênero" humano o principio de conservação, de teor biológico; e mais, também, do que cumprir o *in suum esse perseverare*, de teor metafísico e presente em Spinoza. Corresponde em verdade à concretização da consciência histórica. Esta, expressada de diversas maneiras no pensamento moderno – inclusive nas tentativas de esquematizar em "períodos" a evolução dos tempos –, sempre aparece como esforço no sentido de garantir a continuidade da experiência humana no tempo. Sua continuidade e portanto sua validade.

Nietzsche, angustiado com tantas coisas inclusive com a ideia da "morte de Deus", concebeu a ideia da morte do homem (que teria criado Deus e o teria destruído): o super-homem, que viria, havia de superar o homem. O tema aparece em Foucault sob outro prisma: a noção do "homem", fruto do pensar moderno em função da convergência de três saberes básicos (a ciência das riquezas, a ciência das línguas e a história natural), estaria desfazendo-se dentro do próprio pensamento contemporâneo.

Na verdade o conceito de homem existiu no Ocidente cristão, e também no mundo islâmico, e tinha existido no mundo clássico: cada grande contexto histórico refaz as imagens fundamentais. De certo modo valerá dizer que a história é um longo e oscilante processo de destruições e reconstruções (se antepusermos a estas duas palavras o termo "construções", teremos uma tríade dialética onde as reconstruções são sínteses). Nesse processo se acha precisamente a ideia de preservar, presente na descontínua sucessividade de formas dentro da qual permanecem figuras centrais, linhas do humano, rompidas aqui e ali, reatadas depois por conta de analogias ou de tradições, de meras conexões ou de repetições estruturais.

O humano aparece deste modo como algo inevitavelmente destrutível, corruptível, deformável: corrupção de monarquias e de aristocracias, destruição de crenças, deformação de instituições e de valores. Entretanto aparece também como precariamente constante, sempre renascente, possivelmente preservável. Símbolos, palavras, hábitos, técnicas, tudo o que se transmite preserva o humano, ao passar de um grupo a outro, de uma geração a outra: garante sua continuidade e sua dispersão.

A historicidade das coisas só se revela nas épocas tardias: isto vale para a evolução de cada um dos grandes orbes históricos chamados culturas, ou civilizações – as duas palavras se distinguem se tomadas em sentido específico, mas aqui se tomam como noções paralelas. A historicidade das coisas é algo muito óbvio, mas a plena compreensão de seu sentido não é propriamente fácil. Uma coluna grega pode ter a mesma forma de outra que se faça agora, mas seu **significado** é intransferível: a história e a cultura são um sistema de conectivos, e cada coisa é o que é ou, o que foi, em função de conexões intransferíveis.

A filosofia se entende, com isto, como um esforço, renovado em cada grande época (desde pelo menos o pensamento grego do século VI a.C.), no sentido de organizar a visão do mundo e das coisas – e deste modo a visão do homem. A historicidade do homem é algo que se impôs aos pensadores modernos desde as descobertas filológicas do humanismo à arqueologia de Schliemann e às sociedades eruditas do tempo de Mommsen. Creio que assim se entendem as filosofias e as antifilosofias, as utopias e as antiutopias, com seu séquito de "humanismos" e de *ismos* diversos: importa fundamentalmente reconhecer a história como um conjunto de processos (não como linearidade implacável) e o homem como constitutivamente múltiplo. O homem como microcosmo, segundo já o viram, há muito, místicos e sábios; como pluralidade, como feixe de dualismos inerentes. Na ideia de dualismos, expressamos aqui várias coisas: dualismos éticos e psíquicos, empíricos e metafísicos, simbólicos e existenciais. O bem e o mal, o belo e o feio, a guerra e a paz, o riso e o pranto – além de tudo os dualismos institucionais, que tanto incluem o contato entre o poder e a obediência, como o contraste entre dominantes e dominados dentro das sociedades, relação cuja permanência pode levar a várias perguntas (inclusive a velha pergunta sobre a maldade do homem) e a hipóteses diversas.

O reconhecimento de tudo isso deve levar ao relativismo, que se alimenta da visão (e da compreensão) das diversidades, e que historicamente se substituiu aos maniqueísmos. Mas não tanto, pois – como analisamos em ensaio de alguns anos atrás – os maniqueísmos retornam de vez em quando, e no século XX eles têm reaparecido em várias ocasiões, dentro de fanatismos religiosos, de intransigências ideológicas e de intolerâncias raciais.

* * *

Obviamente todas estas reflexões incluem o fio que leva à pergunta: como decidir o que preservar? A preservação do humano significa a permanência de algo que vem sendo especifico, mas há diferentes ângulos para encarar a imagem do homem: essa imagem se desdobra em imagens, atributos, "momentos". A história, sendo história dos **homens** e conceituando-se abstratamente como história do **homem**, inclui permanências – pois o histórico não é apenas o "individual" e o "irrepetível" – e as permanências são preservações. O problema se desenha quando acentuamos na consciência histórica o desejo de que não se perca o humano, inclusive quando nas grandes crises contemporâneas se percebe a possibilidade de alterações profundas nos seres humanos por conta, por exemplo, de coisas como a tecnologia excessivamente desenvolvida.

Na verdade a própria ideia de que a história é feita de permanências enseja uma versão "conservadora" do fenômeno humano. Evolucionismos à parte, o homem é o homem desde os primeiros grupos sociais. Desde o *homo sapiens* pelo menos. Mas também é válido repetir que a história consta de transformações, e então se tem uma versão que permite sublinhar no homem o lado "revolucionário".

A valorização do processo histórico como algo feito de permanências corresponde por certo à estimação das estabilidades. Mas inclui outro traço, que é a identificação profunda com a experiência do passado, ou seja, com a vida vivida pelos homens que morreram em contextos anteriores. Na visão que enfatiza na história as mutações, tem-se por outro lado a tendência a desamar o passado, senão mesmo a condenar os "erros" e as "injustiças" ocorridas nos contextos anteriores e nas vidas que dentro deles decorreram. O conservadorismo, latente no primeiro caso, parece dar-se com um sentido de síntese; no revolucionarismo, presente no segundo, há uma espécie de **visão seletiva**, que vem do racionalismo.

O que não quer dizer que não haja alguma "visão seletiva" em cada grande forma de ver a história: a que destaca nela a evolução de valores, a que enxerga em seu centro a dessacralização crescente, a que aponta para a luta de classes, a que distingue aristocracias e burguesias. São formas de hermenêutica. O humano se apresenta como uma superposição de máscaras e de disfarces que terminam por se tornar realidade, e como desconcertante variedade de linguagens e de ritos, que a antropologia tenta reconduzir a uns tantos padrões: todas as tentativas de atravessar os dados e chegar à essência são modos de interpretar. Daí ter razão Gadamer, e com ele a chamada "filosofia hermenêutica", quando afirma que todas as ciências sociais são constitutivamente hermenêuticas.

O humano entretanto está em tudo isso, nas máscaras e no desmascaramento, no edificar e no destruir, nas crenças e na crítica: a específica possibilidade de se darem contrastes integra o ente humano. O "ser" do homem aparece refratado em camadas e em planos, em diferentes **modos**. Atravessar uma capa e encontrar um significado já é constatar um plano do humano. Conservadorismos e radicalismos só são pensáveis, obviamente, dentro do repertório de condutas que a história elabora, e deste modo cabe compreendê-los como formas de retorno do humano. O humano se apresenta no revolucionário intransigente e otimista, tanto quanto no conservador cético e crente na evolução (não me refiro aqui ao "reacionário"). Apresenta-se refratado em distintos lados, cabendo à compreensão histórica resgatar sua inteireza na reunião destes **lados**, inteligíveis em seus diferentes contextos e suas diferentes implicações. Aqui entraríamos na questão de haver ou não uma "natureza" humana – natureza que está na história, ou que é substituída pela história na conhecida frase de Ortega. Atribui-se ao ser humano uma natureza, ou uma **essência**, justo na medida em que se menciona seu ser; entretanto os questionamentos que incidem sobre este ser colocam sua natureza como algo historicamente condicionado.

As formas de vida são sempre normas de equilíbrio, e no tocante aos homens vale dizer que a consciência atua como órgão relacionado ao equilíbrio. A história consta de oposições e composições, conflitos e recomeços; no conjunto, ela se apresenta como **humana** na medida em que corresponde aos defeitos e aos desejos dos homens – tal como ocorria com os mitos nas sociedades antigas. Nas sociedades modernas, a compreensão da história, possibilitada pela informação e pela consciência, torna seus conhecedores responsáveis pela valorização do equilíbrio, que, no caso não consiste em ficar "entre" extremos, mas em reunir no **humano** os componentes distintos, que são **lados** da realidade humana frequentemente estranhos e paradoxais, mas necessariamente significativos. Há também a questão de "melhorar" o humano – mas isso é outro problema.

Entretanto cabe adiantar algumas linhas a respeito. Primeiro: não acredito muito em ideologias tendentes a "reformar" ou "corrigir" a natureza humana. Admito contudo que se tente encontrar o humano dentro de aparências ou de desvios, como Rousseau e os revolucionários de 1789 pretenderam. Segundo: os enormes problemas de nossos dias, que levam à perplexidade, conduzem realmente a dilemas desconcertantes. Assim pela destruição do mundo vegetal, pela matança dos animais, pelo envenenamento das águas. Do ponto de vista da antropologia – filosófica e cultural, talvez mesmo física – o que temos é a perspectiva de o homem "reinar" solitário sobre o planeta escalpelado. Assim, igualmente, a questão da violência: a político-militar e a social-criminal-policial.

A resolução de tais problemas (que se ligam, queira-se ou não, aos grandes aumentos demográficos) dependeria de uma reeducação maciça das populações. Uma reeducação difícil, a começar da pergunta sobre como planejá-la, como dirigi-la. Seria cumprida pelas próprias comunidades? Seriam os partidos que o fariam, seriam as associações locais, seriam entidades internacionais? Ou então seria o Estado, e aí paramos para pensar: o poder estatal com que limites, a serviço de quem ou de que finalidades? Quem decide a respeito?

De qualquer sorte, uma coisa é a colocação de tais perguntas e tais problemas na Europa, dentro de contextos específicos, ou nos Estados Unidos; outra é sua colocação em áreas "em desenvolvimento".

Recife, set. 1990

Antropologia filosófica e teoria política

O Homem e o humano

Impressiona-me pensar no imenso número de mortos que constituem o passado da humanidade, isto é, de cada povo em cada continente. Um imenso número de cadáveres provenientes das guerras de desde a mais remota antiguidade, inclusive a pré e a proto-história. Pensar nos homens massacrados por homens dentro de aldeias e cidades ou fora delas, em batalhas ou não; nos esqueletos e nas sepulturas das mais variadas espécies, despojadas ou cheias de objetos. Nas vidas cortadas pela doença e pela violência, corpos e cabeças atirados à terra, enquanto prosseguem as vidas e com elas as coisas da sociedade e da existência social. O **humano**, que se encontra nas **vidas** – que se diferenciam pelos contextos sociais e também dentro deles –, encontra-se também neste imenso número de mortos, que foram depositários dos dons fundamentais do viver: desejos, consciência, comportamento, valores. Depositários, testemunhas e representantes do humano.

Talvez seja este termo, o "humano", o mais amplo ou o mais vago pela extensão de seu emprego, dentre todos os que se encontram na linguagem filosófica, parafilosófica ou filosófico-literária (não tomo no caso a noção de extensão no sentido lógico-formal, mas no mais comum). **Humanos** são ou podem ser atos e ideias, problemas e objetos: nas coisas e no pensar, o uso do termo sempre se acha implícito. Dele procede, não no plano lógico, mas no das alusões concretas, o uso genérico da expressão homem, que em princípio representa a substancialização dos atributos do humano.

Certamente que tanto a ideia de "Homem" quanto a de "humano" se sustentam sobre o pressuposto da especificidade da experiência dos homens: desde a antiguidade se dizem coisas sobre aquilo que "distingue" o ser humano dos outros seres, coisas que pretendem aplicar-se aos **homens** concretos em geral.

Em um dos fragmentos contidos na **Gaia Ciência** (Livro III, n. 143), Nietzsche, referindo-se ao surgimento de atitudes individualistas (ou seja, de ideais pessoais) na Antiguidade, aludiu à sua relação com o surgimento de figurações politeístas e à posse, por cada povo, de um modelo do que fosse "homem", modelo em função do qual se condenavam os **desvios** individuais. Cito isso para mencionar o tema da presença, em cada grande civilização, de uma imagem do que seria o **homem**, imagem ligada evidentemente a cada cosmovisão e realimentada pelas representações artísticas, em cada contexto.

* * *

A propósito dos temas que margeiam a noção do humano, vale tocar na ideia de "ciências humanas", diversas das "ciências naturais". A distinção, correlata da que se refere a ciências culturais (ou do espírito) e ciências positivas – sem entrar aqui nas nuances que se interpõem entre estas designações –, é negada por certos autores, mormente os neopositivistas, para os quais todas as ciências são idênticas, variando conforme o objeto a que se aplicam. E aqui entraria o problema do "rigor" cientifico: habitualmente se atribui maior rigor às ciências ditas positivas, sem faltar, entretanto, quem negue tal tese. Por exemplo Heidegger, em certo passo do *Sein und Zeit*, afirmou que na matemática não ocorre mais rigor do que na historiografia; o que acontece é que ela se baseia sobre um círculo mais restrito de fundamentos. A ideia de Heidegger se prendia à questão da hermenêutica e dos padrões em que se funda a compreensão, mas de qualquer modo a questão do rigor preocupou o filósofo. Na verdade, o que torna aceitável a distinção entre ciências humanas – ou antes, ciências do humano – e ciências positivas, é que naquelas a relação entre o sujeito cognoscente e o objeto é sempre afetada pelo fato de estar o **humano** em ambos os termos. Daí que elas sejam sempre ambíguas e se questionem sempre a si mesmas; daí que o "resultado" epistemológico produzido seja nelas sempre reelaborável. Nesse sentido cabe lembrar de novo que para Gadamer as ciências sociais são sempre interpretativas.

* * *

Retornemos ao tema do **humano**. É fundamental aludir à sua relação com a historicidade, relação bastante evidente e bastante tematizada, mas sempre necessitada de revisão. A historicidade significa uma essencial correlação entre o ser de determinada coisa e sua condição histórica. Mesmo considerando que o que se chama de "história" não é uma estrutura inteiriça, senão que repartida em ciclos, segmentos e contextos, e que a concepção linear da história (que a encarava como uma narrativa única abrangendo "toda" a humanidade) foi ou vem sendo corrigida por outra pluralista, onde se veem diversos processos e diversas linhas – inclusive diversas culturas ou sociedades globais –, mesmo assim continua possível falar-se da história como algo inteligível. E isso continua possível justamente pela permanência do homem e do humano dentro dos diferentes ciclos e dos sucessivos ou simultâneos contextos. Ao convergirem as alusões dos antigos ao homem na concepção greco-romana de "humanidade", incorporou-se ao acervo de imagens genéricas a imagem do ser humano, que não se confunde com nenhum dos planos em que se apresenta e se desenvolve (o religioso, o econômico, o político), e que, mesmo desdobrando-se em dualismos fundamentais, se conserva reconhecível através de épocas, raças, línguas, civilizações.

A **experiência** humana, necessariamente histórica, veio configurando-se como algo dotado de sentido por meio da consciência que o homem desenvolveu, de sua própria condição. Michel Foucault, no capítulo IX de seu *Les Mots et les Choses*, deixou dito que o "homem" só passou a existir no fim do século XVIII: não havia até então consciência epistemológica do homem como tal, e esta irrompeu como um "rasgão" dentro da ordem das coisas. Evidentemente é muito mais antigo o conceito de homem, explícito no pensamento antigo e o que ocorre, com referência ao dito de Foucault, além do gosto pelo paradoxo tão frequente entre os pensadores de sua linha, é que ele se encaixava em uma montagem que pretendia criticar as "ciências humanas" em sua origem, situando-se no século XVIII com caracteres muito especiais.

* * *

Ainda sobre a historicidade do homem, e da conexão entre o homem e o tempo. Obviamente essa conexão só é pensável entendendo-se o **homem** como noção desdobrada na de "vida humana". Isto é: como um processo.

São realmente dois modos essencialmente distintos de considerar o humano. Do ponto de vista do que se chama "natureza humana", tem-se o estável, o invariável, o constante; do ponto de vista referente ao tempo, tem-se o instável, o mutável, o diverso. Tanto na vida privada quanto na pública se encontrarão dezenas de exemplos de coisas que eram uma em 1700 e são outra em 1900 e tantos; mas o entendimento ontológico dirá que no fundo o ser humano é o mesmo, e que tanto o poder como a imaginação, como os desejos e as maldades são constantes no homem. O característico, afinal, é que possa ocorrer esta diferença de **perspectivas**: ela permite situar o variável sobre um núcleo de notas **invariáveis**. Se o fato de o homem ser um ente histórico (tomando-se o histórico no sentido de variável) não tivesse nenhuma contrapartida, não se poderiam captar suas linhas constantes e peculiares. Daí que a frase de Ortega – "El hombre no tiene naturaleza, sino que tiene história" – tenha sido um de seus exageros: o que ocorre é que o histórico é, no homem (e para o homem), a dimensão que revela sua natureza.

De certo modo o homem está no tempo, mas cabe sem forçar a metáfora dizer que ele é o tempo. Diferente do mundo vegetal e do mundo animal, o mundo dos homens **assume** a temporalidade e vem a ser temporalidade: perspectiva do ontem e do amanhã, juventude e velhice, gerações, séculos, épocas, dinastias. Mesmo nas sociedades que vistas de hoje parecem menos "móveis", o correr do tempo teve relação essencial com os símbolos e as práticas.

* * *

Sobre o tempo e a história. Assim como se pode imaginar um objeto caindo sobre um fundo irrecuperável, ou em um abismo sem fundo, pode-se figurar cada pedaço de tempo que passa como uma parte da realidade que se **perde**. Contudo, se o passar do tempo ocorre "dentro" do ser humano, dentro do fluxo de uma vida humana, então é possível pensar que propriamente ou inteiramente ele não se perde: ele se vai incorporando como experiência, maturação e memória, e se integrando em uma realidade específica. E se se entende que com a morte individual se perde tudo, inclusive o tempo que se havia incorporado à vida, pode-se também entender que, na dimensão coletiva do viver, ou na dimensão social (em que as mortes individuais se situam e configuram), a **história** vem a ser um processo em que se depositam os tempos individuais e os coletivos, portanto um receptáculo vivo onde cabem as mortes (falamos dos mortos no início), e onde elas se redimensionam em conexão com o renovar-se do tempo.

Será um truísmo afirmar que um dos resultados do passar do tempo é que em cada época se tem um conhecimento cumulativo referente aos tempos passados. Desse modo temos, em nossa época (e no caso podemos aludir aos dois ou três séculos mais recentes), a faculdade de elaborar comparações e reinterpretações. O conhecimento do passado, além de ser um modo de ver sem ser visto, representa uma forma de **sair** de seu próprio tempo. A estabilidade, que temos a impressão de ter existido nas grandes culturas antigas (e que até certo ponto deve ter realmente existido), não a possuímos nós, enovelados no ritmo de transformações que marcam a história contemporânea: mas temos, com o conhecimento histórico, a faculdade de sair intelectualmente do âmbito histórico em que existimos. Daí, justamente, podermos entender como "instável" nossa experiência, e buscar o confronto de nossas crises com as de outros tempos. Com isso se torna possível para os pensadores contemporâneos o tema da falta de transcendência e de sacralidade, que, ligada à carência de estabilidade, constitui como que o preço dos relativismos disponíveis.

A propósito de "conhecimento do passado" vale anotar algumas coisas. Primeiro a crise desse conhecimento em certos setores sociais de hoje, em função do equivocado pragmatismo e do tecnicismo que, em tais setores, domina a educação. Segundo o problema da **aproximação** a um objeto histórico: logo, o paradoxo proposto por Nietzsche e retomado por Spengler, sobre o cunho peculiar da compreensão da coisa **histórica** (que "não se define"); também o sentido das coisas clássicas, cuja exemplaridade é correlato da historicidade (escrevi sobre isso em 1977) e que são históricas em sentido pedagógico. Com frequência o gosto pelo que é "clássico" representa um traço de espírito conservador – não "reacionário" –, e a compreensão do problema nos revela que o entendimento dos fluxos históricos envolve a distinção entre dois tipos de hermenêutica, a do passado mais distante com seus clássicos e a do passado mais recente ou recentíssimo com seus "avanços" (hoje tropeçando nos tópicos pós-modernos). A redução do passado a peças de museu, isto é, a transferência das coisas vividas para redutos burocraticamente "atuais", deve ser considerada (ou reconsiderada) como fixação das formas históricas do humano, com o sentido da recuperação de significados.

De certo modo isto ocorre sempre: a fixação de formas, guardadas como testemunhos. Nesse sentido o homem "moderno" é **herdeiro** de uma série de componentes históricos acumulados durante séculos e séculos. As teorias sociais que descartam o valor dessa acumulação, e que desestimam o passado por conta de um corte axiológico ligado a uma seletividade "prática" (no caso o marxismo e as doutrinas revolucionárias radicais em geral), põem de lado uma coisa extremamente importante. Nessas doutrinas o homem e sua historicidade se reduzem a um relacionamento esquemático, dirigido para uma catarse "final", preestabelecida. Na verdade, o homem e sua historicidade não podem reduzir-se a um esquema, dando-se ao traste com a riqueza de motivos e de experiências que integram, **como história**, os diversos segmentos do tempo humano.

Por outro lado é constatável que o largo e complexo patrimônio que vem dos "antigos" e que chega ao homem contemporâneo como um legado de si mesmo – do humano –, chega até ele fragmentário e em processo de diluição, com deteriorações materiais e deformações interpretativas, inclusive em face dos caracteres da sociedade contemporânea: o excesso de população, a massificação, as distorções tecnológicas, conflitos e vícios.

Nesse enorme legado, que vem através dos séculos arrebentado e refeito, acrescentado e "relido", incluem-se hábitos e arquétipos, valores, ideias, linguagens. E como ele se complica sempre mais, por meio das reinterpretações e reordenações e amputações que recebe, complica-se a imagem do conjunto, que é no fundo o substrato da imagem que o homem faz de si mesmo. Daí que em nosso século se tenha tornado tão difícil a busca do seu "lugar no mundo", por parte do homem. Que de resto é, obviamente (ou presumivelmente), o único ser que empreende tal **busca**.

Temas da antropologia filosófica

Importa pensar no homem e no humano a partir da especificidade da experiência dos homens sobre a terra: a concretíssima experiência vivida através das eras, nas noites e nos dias, inclusive a dos homens antigos, quando a noite era realmente noite, e a treva era uma presença em torno das pedras e das mesas.

O tema "homem" adquire extensões especiais em função dos enfoques que recebe. Considero relevante aludir aos dualismos, que essencialmente são atribuíveis ao homem por conta da complexidade da vida humana, e que lhe conferem – como já escrevi em outra ocasião – um sentido metafísico. Dualismos que preenchem a "imagem" do homem e que aparecem dentro do seu existir real, já como dimensões complementares já como atributos que participam da própria elaboração daquela imagem, dentro de tais ou quais contextos.

O tema principal da antropologia filosófica é justamente a evolução da autoimagem do homem. Certamente que em cada grande contexto cultural ocorre o predomínio de determinada imagem do homem, delineada junto com uma cosmovisão e com um marco religioso; às vezes ligada a condicionamentos raciais ou econômico-sociais. Sempre expressada, para maior persuasão, em formas artísticas. Deuses e mitos estão naquele marco e nestas formas; as figuras inventadas pela arte são pedaços ou ângulos, são contrapartidas daquela imagem. Em conexão com essa função das formas e das figuras cabe entender a insistência de Cassirer sobre o papel dos símbolos e das formas simbólicas na compreensão do homem[1].

É fundamental a referência ao tema da autoimagem. Cabe imaginar o efeito, sobre as consciências humanas, dos primeiros espelhos, que duplicavam a figura, mas confirmavam a imagem e fixavam o conhecimento externo das pessoas. Terão influído inclusive sobre a "reflexão" desenvolvida a partir delas. Com a fixação de uma imagem do que se chama ser humano ter-se-á obtido inclusive a formação de um padrão normativo, balizador do feio e do belo, do saudável e do enfermo. A medicina antiga girava em grande parte em torno de um protótipo "normal" concebido como ordem e equilíbrio, em face do qual as doenças seriam deformações e "desordens".

Em relação com o tema da autoimagem, alinham-se os problemas que perfazem e embasam a reflexão sobre o homem. Assim a relação entre o **homem** e o **mundo**: o homem como parcela do mundo ou como seu resumo (como "microcosmo"), o mundo como extensão dos lugares do homem; o homem filho da terra, em vários mitos antigos (e em Camões: "este bicho da terra tão pequeno"). Assim o tema das **origens**: nas origens flagra-se o sentido essencial do ser. Adiante o assunto retornará. Assim também uma série de desdobramentos conceituais: aludir ao homem e ao humano já é um desdobramento. Gabriel Marcel escreveu sobre o conflito entre os homens e o humano. Ortega analisou a distinção entre o homem (o humano) e a **gente** com seu sentido impessoal.

Evidentemente a imagem que o homem faz de si próprio não se refere apenas a um padrão físico (aspecto, tipo, proporções), mas também às dimensões espirituais e aos *standards* morais: o homem se reconhece dependente e finito, condicionado por normas e pautas. Tudo isso, também é evidente, dentro das variações culturais. Seria então de dizer-se que o homem é uma criação de si mesmo, no sentido do reconhecer-se e do atribuir-se uma figura: o homem se configura a si próprio, à base de registros e de comparações. Será, entretanto, uma variável histórica a relação da autoimagem do homem com as verdades teológicas, que possuem também um sentido cultural e que se entendem como parâmetros morais maiores.

Apesar de não crer em "leis" históricas nem em certos rígidos esquemas que tentam encaixar a passagem dos tempos em moldes ditos "racionais", parece-me certo que ao menos em algumas culturas – particularmente a grega e a ocidental – ocorreu um fenômeno histórico-cultural basilar: o da dessacralização (ou secularização). Com ele compromete-se a imagem do homem, bem como a do mundo. Uma coisa a figura do homem em um mundo terrocêntrico e ao mesmo tempo teocêntrico (ou sacrocêntrico), dominado pelo plano da providencia divina; outra a sua figura em um mundo heliocêntrico e em uma sociedade crescentemente instável. A concepção teo-ontológica, que correspondia à ética clássica (antiga), cede vez aos poucos à concepção sociológico-secular com seus relativismos e seus cientificismos[2].

* * *

Inquestionavelmente há no conhecimento humano um caráter fragmentário. Tanto no plano empírico como no científico: no conhecimento das coisas comuns e no "sistema" das ciências ocorrem descontinuidades. Conhecem-se imagens e relações, pedaços da realidade. Os homens preenchem os trechos que faltam com repetições (extensões do já conhecido) ou então com linhas interligantes, referentes à relação e à imagem prévias, que se mantêm como panos de fundo para cobrir lacunas.

Daí ser o conhecimento sempre algo aproximativo, e ao mesmo tempo uma forma de interligação. Nesse processo entram "conjecturas" e entram "preconceitos".

Dada essa circunstância, também, que o pensamento filosófico tenha revelado a tendência, desde pelo menos o racionalismo grego, a valorizar a **forma** (a forma como fundamental entidade metafísica) e a entender o conhecimento como um processo referente às formas. O homem, especialmente ele, como um sujeito que conhece as coisas pelas formas. Mais do que os animais, em cujo "conhecimento" entram em proporção maior (do que no humano) o odor e as cores: os pombos não tomam a estátua de um leão ou de uma cobra por um leão ou uma cobra de verdade, mas para o homem se trata de um leão "de pedra" (uma pedra trabalhada pelo vento pode "ser" um animal). Evidentemente isso pressupõe no homem o espírito, no sentido de faculdade de se acrescentar à natureza e de – basicamente isso – atribuirem-se **sentidos** peculiares.

A **forma**, engendradora de imagens, funciona como ponto de referência das diferenciações que perfazem o conhecer: tanto no entendimento "primitivo" quanto nos códigos científicos mais sofisticados. De resto a forma é comunicável, e, portanto didática. Na Grécia as formas das colunas foram classificadas dando origem à alusão aos estilos arquitetônicos (***stülos***, coluna) vigentes na experiência clássica. Aliás todos os classicismos dão ênfase especial à forma, e ao didatismo que se liga a ela[3].

Novamente sobre fragmentariedade: não seria demais observar que nestes anos finais do século XX, as imagens gerais, em que se vinham baseando os conceitos vigentes, se apresentam crescentemente rompidas, refratadas ou diluídas em realidades parciais conflitantes. A superação do europocentrismo, processada durante o correr do século, não cedeu lugar a uma imagem geral do mundo que tivesse coerência e estabilidade. Os povos não europeus não tiveram condições de elaborá-la. A isto se acrescentam as divergências de crença e de ideologia, sempre em mutação, e a falta de transcendências unificadoras. Assim, ao romper-se a cosmovisão do "homem" abstrato – que era europeu ou ocidental mas se coadunava com as crenças dominantes –, as diversas imagens do homem situado se chocam entre si sem formarem (ainda) um conjunto convincente.

E talvez, se se permite a imagem, talvez então a ideia de **Deus** pudesse equivaler-se à de uma memória infinita, um conhecimento infalível e não fragmentário de tudo o que ocorre no universo: uma memória dentro da qual se resgatasse tudo o que vem ocorrendo com os homens (e seu pensamento) em todos os tempos, senão mesmo com os seres de todas as órbitas. Paradigma do oposto das falibilidades e das incoerências dos humanos.

* * *

Alusão ao tema das **origens**. É evidente que só a compreensão das origens leva ao pleno significado de um fenômeno (ou de uma instituição, ou de uma realidade qual seja), e isso só não o entendem as mentes bloqueadas pelo exclusivismo logicista.

Os relatos sobre o surgimento do ser humano, nas mitologias e nas religiões, carregam consigo esta intenção óbvia, a de estabelecer algo sobre o que é o homem: ele é produto da terra (ou do barro), ele recebe um raio que o ilumina ou um sopro que o vivifica. Ele se organiza sexualmente em um paraíso, desorganiza-se, reorganiza-se socialmente. Nos relatos aparecem violências iniciais, culpas, privações e provações. Então o homem aparece como algo terrestre, mas meio divino, complicado e precário, violento mas consciente. As origens revelam.

Vale a pena citar, sobre as primeiras formas de organização do humano, o livro de Edgar Morin *Le paradigme perdu: la nature humaine*. Esse livro coloca, dentro de esquemas vez por outra discutíveis, os temas referentes à evolução das estruturas e dos contextos: as grandes alterações a partir da "hominização", a proto-história (que denomina "*arkhe*-sociedade") e o aparecimento das sociedades históricas, que teria constituído o "terceiro nascimento do homem".

E dentro da mesma problemática das origens, o desenvolvimento das formas de comunicação: linguagens, gestos, sinais, escritas. O surgimento da escrita, em cada grande âmbito cultural, relacionando-se com as estruturas originárias: a religião, as instituições, a ordem político-jurídica e econômica com sua especifica necessidade de expressão[4]. Aqui se encaixa um tema especialmente interessante, o da origem do "intelectual", em cujo rastro têm andado alguns pensadores e escritores em obras relativamente recentes, inclusive Regis Debray. Para Ortega y Gasset, os profetas hebreus e os filósofos iniciais da Grécia teriam sido os primeiros **intelectuais** da história, situando-se os mais ou menos no ano 700 antes de Cristo, época de Amós e de Hesíodo. A frase é discutível, mas põe um problema interessante[5].

Realmente a criação, dentro de tal ou qual orbe histórico, de uma figura que "pensa", demanda condições especificas, inclusive algum abalo na solidez das estruturas – geralmente fechadas e sem brechas ao inicio –, além do desenvolvimento das potencialidades analíticas e metafóricas das línguas: condições correspondentes ao advento dos questionamentos e da crítica.

Ser, ter e fazer

Os homens são estes ou aqueles, fazem coisas, possuem isto e aquilo. O que a metafísica clássica chamava de essência corresponde ao ser genérico: ser homem, no caso, como algo definido. Mas os homens em concreto se dirão entes, participando da essência. Evidentemente o fazer pressupõe o ser, mas o fazer elabora o ser, constrói-o, ao desdobrá-lo e ao revelá-lo: cada ser humano é o que faz. Seu ser (não o possível núcleo essencial) se desenvolve na ação e na experiência.

Ao aludir a ser, fazer e ter não me refiro a "momentos" como se fossem uma dialética: nem tampouco a pontos de uma série graduada, mas a três modos (ou dimensões), a três aspectos do humano. História e psicologia, vida pública e vida privada, contextos econômicos e pautas éticas, tudo são âmbitos em que os homens existem, e agem, e têm consigo coisas diversas. São o mesmo, são "o homem", mas se diferenciam em mil traços conforme o que possuem, conforme o que fazem.

Ser: o termo, amplíssimo – sobretudo se o referimos às afirmações dos eleatas e à ontologia clássica –, **desce** dessa amplitude e se espalha, se fragmenta nos entes (através de hipóstases, diriam os plotinianos), faz-se presente em específicas e diferenciadas presenças concretas (não me deterei no tema do "ente" no século XX). Cedo o homem se apropriou do termo, e "*ser* humano" ficou como seu equivalente. Mas nesse uso o termo "ser" sofreu as tribulações provindas do próprio adjetivo: assim as precariedades do **humano** (que são grandezas eventualmente), alteraram e vêm alterando o recorte abstrato e sóbrio da ideia de ser. Justamente porque a representação conceitual correspondente à noção de ser, que é demasiado ampla e portanto pobre de "notas" (e sem diferença específica), se traslada às coisas apenas como ponto de referência **genérico**. Ao trasladar-se às coisas humanas, ela incorpora representações menores, dentro de uma série de **diferenciações** que perfazem o mundo humano.

Digo, portanto, que o conceito de ser ocorre em uma perspectiva **cultural**. Diferenciações são correlatas de valorações, e dentro do mundo humano os atributos – coisas que se dizem de coisas – se multiplicam na linguagem e se refletem nos atos. O conceito de ser, latente em outros orbes culturais, foi explicitado na Grécia no século V a.C., com Parmênides[6], e isto é sem dúvida um condicionamento cultural; mas dentro dos diversos contextos históricos, miríades de afirmações e de estimações implicam desdobramentos do que seria o ser e do que seriam os entes[7].

A opinião segundo a qual determinada cidade é mais representativa do que outra, ou mais interessante, conota valorações e diferenciações que por sua vez pressupõem vastos processos socioculturais. Achar que um vaso grego merece mais atenção do que um jarro de barro comprado na feira – ou achar que não merece –, preferir a Sinfônica de Londres à de Berlim (ou considerar a música sinfônica "superada" pelo rock), são atitudes que revelam o desembocar de toda uma pedagogia cultural, socialmente condicionada. São séculos de exemplaridade histórica, e de diferenciações que se aceitam ou se discutem, sempre envolvendo entes e entidades que **são** mais isto ou menos aquilo.

Com essas diferenciações e opções, o ter e o fazer se incorporam ao ser. O ser de cada homem (de cada pessoa) ou de cada grupo humano se preenche com o que ele realiza e com o que ele possui. Nações, exércitos, empresas ou associações "são" grandes ou eficientes, valiosos ou ineptos conforme o que empreendem e possuem (no sentido amplo deste termo). Desse modo, **significam** isto ou aquilo.

Hermann Broch, em seu impressionante livro *A Morte de Virgílio* (não sei bem se aquilo é um "romance"), em várias passagens relaciona o homem e o ser; as duas referências aparecem correlatas em meio a vários tipos de metáforas. E essa tem sido a correlação implícita ou explicitamente vigente no pensamento filosófico e na literatura. Mas o homem não é uma coisa estática; ele se mostra por meio de mutações, ele faz a história. A história seria, desde os inícios, um enorme e variado mostruário do fazer (aliás, de "feitos"). Do mesmo modo que o homem e a história se coimplicam, o ser o fazer se coimplicam também (refiro-me ao **ser** trazido ao plano do existir humano). Aqui entraria o *factum* de Vico, mas não entremos por esse desvio.

Tríades são um velho arquétipo e uma ostensiva constante nas formulações do pensamento. Ao aludir a ser, ter e fazer, tento apenas situar aspectos distintos daquilo que, com alcance generalizável, chamamos o homem.

O ser se desdobra no "estar". Julián Marias observou que as línguas espanhola e portuguesa são ao que parece as únicas em que ocorre esta nuance: estar como verbo distinto de ser. O estar como algo mais precário, marcado de transitoriedade e ao mesmo tempo situado, ligado a localizações (estar como encontrar-se ou achar-se). Mas há também o "existir", a que a divulgação da terminologia de Heidegger, no século XX, deu maior veiculação. O existir revela o ser, mas seu sentido próprio se liga também à situação e à finitude. Por outro lado o ter se distingue nominalmente do "haver", em termos gramaticais e também no vocabulário contábil. E o fazer é correlato do agir (os manuais tomistas de filosofia sempre se preocupam, ou se preocupavam, com distinguir o agir, que é ético, do fazer, que é técnico – distinção interessante, mas um tanto artificiosa). Depois do **essor** do marxismo nos últimos decênios, a noção de agir foi coberta pela extensão do termo **práxis**, de cuja força se abusou, terminando-se por barateá-lo.

* * *

Fazer e ter são desse modo conceitos de algo ambíguo, os quais se misturam na linguagem com o próprio verbo ser. Fazem-se coisas porque se "é" isto ou aquilo, e vice-versa. O mesmo quanto ao ter: tem-se algo ou então se é algo.

O ter é passível de uma extensa e variada gama de acepções. Propriedades materiais, características somáticas, hábitos, tudo são coisas que se têm. Têm-se tal vida, tal morte e tal destino. Gabriel Marcel, em seu livro *Étre et Avoir*, refere-se ao conhecimento como um modo de ter.

É necessário, entretanto, distinguir entre o ter quantitativo e o ter qualitativo. As posses econômicas são um ter quantitativo. Do mesmo modo as coisas vinculadas a cifras: número de habitantes que uma cidade tem, número de livros que alguém escreveu – e aqui já se entra no fazer –, número de amigos que se possui (e que aliás se "fazem"). O ter qualitativo se integra realmente no ser, **qualifica-o**. Trata-se aqui de traços que se têm como algo pessoal, ou de características que se incorporam ao ser como algo intransferível – o artista que tem tal ou qual peculiaridade, a obra que tem tal ou qual toque, o indivíduo que personifica tal ou qual atributo.

Seria de dizer-se então que a compreensão do ser – já que o ser no mundo humano entra no nível dos significados (e da hermenêutica) – pode ser empreendida sob o prisma do ter, ou sob o do fazer. O ser como soma do que é tido ou como síntese do que é feito. Do mesmo modo a compreensão de cada um dos setores em que se distribui a vida dos grupos, ou das sociedades historicamente situadas: a religião, a política, a economia, a arte. E também as relações entre esses setores.

Sendo histórico o "ser" do homem (no sentido em que os homens existem na história), e, portanto, também cultural, decorre que são históricos os valores que se aderem ao seu ser, ou que o preenchem. E aqui entra um tópico que exige cuidados: o do conceito de valor e sua relação com o ser. Muito se discutiu, sobretudo nas primeiras décadas do século XX, sobre objetividade ou subjetividade dos valores, e sobre a possível autonomia do conceito. Ortega, em 1923, em ensaio famoso (*Qué son los valores*), onde inclusive menciona e retoma o debate entre Meinong e Ehrenfels, optou – a meu ver um tanto equivocadamente – pelo total objetivismo axiológico. E muito se discutiu, igualmente, sobre se os valores constituem uma "espécie" do ser, ou um "modo" do ser, ou uma ordem de objetos distinta do ser. Os valores não são, antes **valem**, houve quem dissesse. Na verdade, porém, o conceito de ser é tão geral que não há como imaginar algo, ideia ou coisa, que "não seja" e que entretanto possa receber predicados, ou ser sujeito de frases.

O pensamento moderno, ao veicular a noção de valor (Lotze, Nietzsche etc), na realidade desdobrou as afirmatividades correspondentes ao uso da ideia de ser, e deu a essa ideia uma espécie de acréscimo ou nova dimensão. A ideia de valor, correspondente a uma qualificação – e, portanto, a uma diferenciação não quantitativa –, se refere a uma diferenciação que ocorre dentro do ser e que afeta o próprio ser nos entes em que ele ocorre. O **ser** propriamente dito constitui de certa forma algo "aprofundável", algo "escavável": mesmo em seu sentido imediato de **presença**, o ser é sempre passível de desdobramento e acrescentação[8].

Ao derivar as referências ao ser para uma nova dimensão, o pensamento que alude a valores menciona, contudo uma espécie de mérito. De certa maneira valer significa "merecer ser".

É isso que torna explicável falar-se no valor de uma obra de arte: tal valor, em sentido intrínseco, não é econômico, antes corresponde a um mérito que está dentro da obra (e que se entenderia em relação ao seu autor, ou ao padrão e à época em que se produziu). Por outro lado, quando se diz que todos os homens "são" iguais, a dimensão inteligível é a de valor; isto é, os homens merecem ser tratados como iguais, no plano em que seu merecimento essencial é igual – isto é, no dos princípios éticos. A alusão à igualdade dos homens (ou dos povos) omite evidentemente as referências ao ter e ao fazer, ou as reduz para que caibam no limite do merecimento mínimo essencial: pois no plano concreto do ter e do fazer o que ocorre são desigualdades e diferenciações, que são historicamente normais (sobretudo se não se toma o ter no puro sentido das posses econômicas) e que perfazem a própria heterogeneidade do humano[9].

Foi certamente o sentido do valer, correlato de um **mérito** a destacar-se dentro (ou de dentro) do ser, que levou o direito antigo a distinguir sistematicamente entre pessoas e coisas. A noção de pessoa, por baixo do étimo ligado à *persona* teatral, originou-se de uma ênfase sobre qualificações individuais, em que o ser (e com ele o ter) se ligava ao valer.

* * *

Ser, como noção básica e ampla, se transfere ao homem e ao humano como um traço sobre o qual pousarão as notas designadoras de qualificações e situações. Ocorre aí uma espécie de ambiguidade: o **ser** humano, genérico, noção básica e ampla, se apresenta por meio daquelas notas, que são referentes ao concreto e ao peculiar.

Essa duplicidade de aspectos tem evidentemente um sentido metafísico: o homem, referido ao **ser** por meio de uma alusão verbal fundamental, prende-se necessariamente aos entes que o circundam, arrasta a sua precariedade em meio às qualificações e às situações, desdobra-se nos modos de ter, de fazer e de valer, oscila entre detalhes e horizontes.

Parece existir, no espírito humano, uma sensação de incompletude que o faz buscar acréscimos ao seu ser. Desde logo ao seu ser físico, necessitado de abrigo. Assim temos o homem primitivo envolto em peles, e também temo-lo usando coisas que "prolongam" seus braços, como armas ou utensílios. Nas primeiras civilizações temos o homem com adornos que **completam** sua imagem, e construindo templos onde se ampliam seus gestos. Em todas as culturas os homens prolongam e ampliam sua mente por meio da representação de mitos e de deuses que incorporam – em tom maior – os desejos e os problemas da vida humana. Além de colocar-se sob a dependência dos deuses, o homem também depende de uma ordem social, na qual crê, e que se reflete em certas ideias gerais. Durkheim sabia disto.

Sentir-se **incompleto** terá sido, sempre, uma das peculiaridades do animal humano. Incompleto, isto é, onticamente completável, carente de alguma coisa na ordem do ser. Daí inclusive a incessante tentativa de se acrescentar, como ser, através do ter e através do fazer. O ter e o fazer, medidos pelo valor, retornam ao ser, e com isso a consciência redescobre constantemente a incompletude.

Temas da política

Inúmeros são certamente os "aspectos" que apresenta o ser chamado homem dentro das formas de vida que se desenvolveram desde os primeiros tempos: a vida religiosa, a vida econômica, a vida militar, a vida cultural (*stricto sensu*), a vida política. Toda dúvida sobre a diferença entre o homem e os animais (os outros animais) se elimina quando se pensa que nenhum desses elabora, além de um nível mínimo, os dados naturais: castores e chipanzés, bem como abelhas e formigas, repetem sempre soluções elementares – embora eficiente –, e ao menos ao parecer não questionam nem problematizam a coisa. O ser humano, sempre descontente e em mutação, criou desde cedo qualificações e significados, com desdobramentos que comprometem inclusive a sua autoimagem.

Com essas indicações chega-se ao tema da política. Por um lado, dir-se-á que a política é intrínseca ao homem, pois viver em grupo e dentro de organizações é viver politicamente. Por outro, alegar-se-á que a política propriamente dita surge com a Grécia. Recordo o grande helenista inglês Moses Finlay, para o qual a política teria sido algo que os romanos aprenderam com os etruscos; e Hannah Arendt, para a qual somente no mundo greco-romano, com o advento da ação, teria surgido a verdadeira política. Tudo dependerá, obviamente, de falar-se em sentido amplo ou em sentido restrito: grupos, ordem, diferenciação, poder, ou então institucionalização do poder e da ação política dentro de estágios específicos.

* * *

As tendências que se manifestam na adoção de uma filosofia, e na adoção de uma posição política, são habitualmente correlatas. Após o declínio do positivismo, no Brasil, veio a voga da escolástica e do neotomismo, que dominou a pedagogia nacional desde mais ou menos os anos trinta até meados dos anos cinquenta. As pessoas católicas adotavam como filosofia o tomismo, mas as não católicas raramente o faziam. Depois veio o predomínio do marxismo em largos setores do ensino, sobretudo do universitário. Como no caso do tomismo, as pessoas o adotavam (ou adotam) sem estudar detida nem objetivamente as outras posições filosóficas.

Escolher uma filosofia porque corresponde à determinada estratégia política (inclusive se se entende a esta com base no conceito de "classe"), equivale a tomar a filosofia em função da política, como se se tratasse de mero instrumento, um petrecho para a ação. Se se diz que a filosofia como teoria supõe a "práxis", isso demandará uma fundamentação que terá de ser teórica, inescapavelmente. Nessa falácia, aliás, caíram as grandes posições revolucionarias dos séculos XIX e XX. Na verdade deve-se escolher uma filosofia com base em razões filosóficas, e então se compreenderá que os princípios de uma política pressupõem uma filosofia: tudo isso é óbvio. Somente a pressão dos ressentimentos, ou a pressa revolucionária (contrapartida dos pragmatismos antirrevolucionários, frequentemente cínicos), levam as pessoas a se prenderem a um programa-de-ação político. É evidente que a filosofia, como processo cultural e como reflexão maior, incide sobre os diversos setores da vida humana – entre os quais a política –, e busca compreendê-los como um todo. Disso resulta que a "formação" filosófica de quem quer que seja envolve uma visão da vida e de seus diversos prismas (além de envolver, é claro, uma série de conhecimentos de caráter específico).

Em termos concretos, pode-se "tender" a uma posição filosófica tendendo-se simultaneamente para um credo político, mas é claro que a filosofia adotada deverá servir de base à atitude política, não o inverso.

E aí entra o problema das relações entre condição social e visão do mundo. Essas relações indubitavelmente existem, mas as formas que correspondem à "condição social" são uma variável histórica. Conceber como "condição social" apenas e necessariamente a estrutura de classe é reduzir a questão a um esquema arbitrário, que afinal corresponde a uma das possíveis formas de interpretar a realidade social. A evolução da teoria social do conhecimento (nem sempre sob forma de "sociologia do conhecimento"), envolvendo ideias de Bacon, de Marx, de Nietzsche, de Freud, bem como de Scheler e de Mannheim, tem incluído varias sugestões hermenêuticas, que devem ser revistas.

Sob o prisma da antropologia filosófica, o eixo central da reflexão deverá referir-se ao fato de existirem dois planos:

a permanência de um fundo comum, que atravessa os contextos (ou subjaz a eles) e que corresponde ao **humano**, e a variabilidade de expressões do humano no tempo e no espaço, em face de elementos como época, cultura, raça, classes (ocupações), gerações. Em função desses elementos variam as representações que perfazem a autoimagem do homem: dentro de cada contexto cultural, variam as "mentalidades" conforme as posições na estratificação social (classes, castas) e conforme grupos generacionais. A visão do humano, dentro de cada cultura, se diversifica desse modo, mas permanecem traços genéricos que permitem falar no "homem grego" ou no "homem persa".

A propósito da alusão a classes, valerá observar que o uso indiscriminado do termo "burguês" provém com frequência de certo apedeutismo em ciências sociais; ou então, do partidarismo ideológico terminologicamente apressado. Burguesia, na verdade, é um conceito pelo menos tão histórico quanto sociológico, e é preciso, mesmo sem estritos rigores metodológicos, situar os limites de sua abrangência.

É preferível, ao menos em certos casos, situar as alternâncias da história em termos de aristocracias e plebes – nas quais se encaixam certas "burguesias" –, do que nos termos em que o marxismo as coloca, como mecânicos resultados de uma coisa mais ou menos demiúrgica chamada "luta de classes". Coisa na qual o próprio conceito de classe aparece como um recorte, um perfil ideologicamente demarcado para se encaixar no esquema revolucionário.

* * *

De acordo com tudo isso diria que o "proletariado", do ponto de vista da história cultural, é um derivado da burguesia (independente de ter ou não **saído** da burguesia por conta de "contradições econômicas"). Ele partilha do laicismo burguês (e de sua "racionalidade"), contrastando, tal como a burguesia – que é um conceito histórico –, com os traços hieráticos da "aristocracia"[10].

E então se colocaria, no concernente ao modo de conhecer as coisas, a seguinte questão: estará o aristocrata mais apto a compreender a realidade social, por sua independência em relação às estruturas que "originam" o burguês mas não o originaram a ele? Ou estará mais apto o burguês, pelo racionalismo "explicador" que o **esclarece**, desprendendo-o de comprometimentos orgânicos como os que vinculam o aristocrata?

* * *

A relação entre o homem e a política, relação com uma coisa que é sua, envolve genericamente o tema da evolução da experiência política: formas institucionais e padrões de comportamento, tipos de dominação, conexões entre estruturas e mentalidades. Max Weber, como é mais do que sabido, esquematizou uma tipologia da dominação – mais especificamente do que do "poder" –, tipologia que, sem embargo da intenção e da importância **sociológica**, era na verdade uma revisão de contextos **históricos**. Hannah Arendt, sobretudo em seu livro *A Condição Humana*, distinguiu entre o labor, o trabalho e a ação como estágios evolutivos, correspondendo ao último ensejar a eclosão da política propriamente dita.

À visão da história como economia ou como vivência psicológica, cabe reunir, enquanto distinta e complementar, sua visão como política: história de alterações nas instituições e na relação entre estas e seu entendimento. Porque as instituições são algo cujo significado se integra em seu próprio papel histórico, e só se compreendem em função daquilo que os homens pensam ou pensaram a seu respeito: aceitação, justificação, crítica, contestação.

* * *

Não seria demasiado simplificativo dizer que as crises e as utopias são os dois marcos que balizam a vida das instituições.

Dezenas de enfoques têm abordado o tema da **crise**. A crise como agonia do "Ocidente", como declínio do capitalismo, como estancamento da história, como aproximação de um novo milênio, e mais muitos conceitos, formulados de acordo com o ângulo ideológico ou com a visão pessoal de cada analista. Na verdade o que se vem denominando crise – com um uso sempre ambíguo do termo – corresponde a vários processos históricos e a vários planos: daí que se fale na crise aludindo ao esvaziamento espiritual das novas gerações, ou mencionando a saturação (ou o desgaste) das estruturas, ou os desajustes entre realidades vividas e crenças sustentadas. E aí entram coisas como o advento das máquinas, o excesso de populações, as tensões econômicas, as preocupações ecológicas e tudo o mais.

Entretanto é preciso anotar um aspecto, nem sempre lembrado, do problema. A imagem que o homem tem de si mesmo, mantida, aliás, com alterações e descontinuidades correspondentes às diferenças entre contextos, persistiu sempre como uma presença dentro das representações normais. Imagens bíblicas permanecendo através da religião popular e da iconografia doméstica, figuras gregas e romanas simbolizando isto e aquilo, estampas medievais com coisas que a mente ocidental perpetuou: castelos, reis, rainhas e santos. Nem sempre a informação histórica era suficiente, mas tais imagens vinculavam a autoimagem do homem, em cada época, com a de estágios passados, vinculando os homens a si mesmos por meio da **exemplaridade** das figuras. Essa continuidade, reformulada durante o "Renascimento" com a reutilização das fontes **clássicas**, e refeita com as revoluções liberais (modelarmente a francesa) com o apelo aos traços ditos universais do **homem**, começou a se fazer difícil durante o século XX. O incremento da técnica, o surgimento de armas que nada mais tinham a ver com aquelas que se usavam antes, a eletrônica e a informática trouxeram vivências que não se encaixam nas milenares imagens mantidas pelos homens como garantia de sua continuidade histórica. As exemplaridades perdem vigência, as figuras clássicas perecem: apagam-se, sustentadas a custo por alguns eruditos ou por artistas teimosos.

Um traço paradoxal dentro desse quadro é o fato de que, ao tempo em que o conhecimento do passado começou a fazer-se mais completo e mais preciso – durante o século XIX, basicamente –, a imagem de si que o homem cultiva começou a contrastar muito com a que consta daquele conhecimento. A vivência das técnicas contemporâneas transforma as imagens do homem antigo e medieval em coisas muito mais remotas do que pareciam aos que viviam nos séculos XVII e XVIII. Disso resulta, vale acentuar, para os intelectuais de nosso tempo, uma responsabilidade a mais, ou seja, a necessidade de reconhecer o humano por dentro das discrepâncias surgidas; através do fosso "crítico" que separa o homem de hoje, usuário de mil fios, centrais elétricas e terminais eletrônicos, daquele do tempo dos navios de madeira, das lâmpadas de óleo e das espadas de aço.

É fundamental que a imagem do **humano**, hoje, não se limite ao que cabe na experiência oferecida pelos implementos técnicos mais recentes (bem viu Orwell, em *1984*, a conexão entre a desumanização e o cancelamento do passado, operado pelos detentores do poder).

Anotação sobre o racionalismo moderno. Por um lado, ele possibilitou um reexame das relações entre os conceitos de razão e natureza, fazendo-os correlatos, como em Rousseau (em Hobbes, um pouco antes, a racionalidade do Estado, visto como ente "artificial"). Por outro lado, porém, a visão do homem como ser essencialmente racional – visão de origem cartesiana – levaria a novas cisões entre os dois conceitos, o de natureza e o de razão: os românticos cultivariam a imagem de um conflito entre natureza e espírito. Levaria a mais, à ideia de que o Homem, não sendo um ente propriamente "natural", se entende como algo distinto da natureza, podendo e devendo dominar a natureza (missão aliás cometida por Deus ao homem segundo certa passagem do *Gênesis*). O domínio da natureza como objetivo da ciência. Daí o caminho para o cientificismo como critério "racional" para a própria vida (não apenas para o saber). Daí a ideia de modernização como eliminação da natureza.

* * *

Sobre utopias. Ficou dito, mais acima, que o homem pode ser mencionado como um ser que busca completar-se. A sensação de carência integra o homem, integra-o a tal ponto que as coisas que deseja passam a fazer parte de seu ser – povoam seu pensamento, alimentam sua imaginação, condicionam sua atividade. Cabe dizer então que o Homem se compõe daquilo que tem e do que lhe falta, como, aliás, já foi dito por Ortega no final da lição III do seu livro **Que és Filosofía**. Compõe-se, vale dizer, do que é e do que pretende ser. A utopia aparece justamente aí, nas configurações do que os homens pretendem ser, ter ou fazer, tanto no viável como no inviável: tanto os meios termos quanto os extremos participam da construção do humano.

O tema reponta em inúmeras ocasiões na história do pensamento filosófico-político: desde os antecessores de Platão ao próprio Platão e ao Renascimento, passando por mitos medievais, ligados ao velho messianismo de origem hebraica; depois os socialistas utópicos, depois a reabilitação do conceito nos arraiais marxistas ou paramarxistas por mão de Ernst Bloch, em um extenso e complicado livro, com a introdução da noção de "esperança".

As primeiras utopias gregas foram obra de urbanistas, em relação com um ideal urbano já racionalista. Através dos tempos as utopias incorporaram componentes especialmente vinculados à ideia de felicidade e à de justiça social. Teria sido a cidade, nos inícios, uma primeira utopia – a frase é de Munford –, e de qualquer sorte a acepção "abstrata" do termo cidade (como em Agostinho) ficou sendo ponto de referência de muitos ideais utópicos. Por outro lado a "fundação" de cidades, embora situada em tempos recuados senão mesmo míticos, refletia – sobretudo nos ritos etruscos e romanos – um traço de racionalidade, com proporções lineares vinculadas ao espaço e aos pontos cardeais[11].

* * *

De algum modo ocorre, através das épocas e em contato com as grandes mutações históricas, a evolução da autoimagem política do homem. Ela envolve a alteração (às vezes justaposição) de imagens. Envolve por exemplo a evolução das imagens ligadas ao poder: do governante velho e barbudo da China (ou de Israel), e dos rudes reis guerreiros da Mesopotâmia, aos imperadores romanos rodeados de mármores (eles mesmos destinados ao mármore) e aos monarcas modernos, substituídos depois por parlamentos e por chefes de executivo mais ou menos prosaicos.

Com a evolução das imagens do poder, transforma-se também a imagem da **violência**. A violência tem sido uma constante na história dos grupos sociais: hordas, cidades, nações, impérios. Todos se criam e se sustentam pela violência. Com frequência a teoria moral dos antigos denunciou a violência, mas ela continuou como regra geral. Aqui valeria distinguir entre a violência privada, praticada contra pessoas ou grupos, e a pública, presente nas guerras e nas rebeliões, na tortura e nas penas.

No século XX a exasperação do conceito de revolução, combinado com a temática da "práxis", recolocou o problema da violência. Paradoxalmente duas doutrinas tão diferentes como o marxismo e o pensamento de Nietzsche forneceram bases para a ideia pragmática de que a **verdade** não é um dado preexistente ao agir, mas algo que se realiza nele, ou que se estabelece com ele. O que comprova uma teoria é então a prática; ou, segundo Nietzsche, é a vontade de poder que cria a verdade[12].

* * *

"Práxis" e teorias, ação e doutrinas, tudo isso tem evidentemente o que ver com valores. Os **ismos** políticos, que se multiplicaram e se complicaram no Ocidente a partir do liberalismo e do socialismo dos séculos XVIII e XIX, giram sobre valores, mesmo quando formulados com outros componentes. Não creio no "fim das ideologias" (de que falam certos autores com jeito de agentes funerários); elas estarão presentes onde quer que os homens se organizem em larga escala – a não ser que ocorra o silenciamento dos debates e o cancelamento de toda divergência.

Consta que o chinês Hsun Tze escreveu que

a água e o fogo possuem espíritos sutis mas não possuem vida; as plantas possuem vida mas não percepção; os pássaros e os animais têm percepção mas não o sentimento da justiça; o homem tem espírito, vida e percepção, além do que possui o sentimento da justiça[13].

Nessa exposição, além de se expressar uma visão hierárquica dos seres e uma concepção do homem como soma ou síntese, destaca-se no humano o atributo da justiça como peculiaridade: o humano indicado em um atributo moral, inencontrável fora de seu âmbito específico.

* * *

Anotação digressiva sobre decisão e prudência. A prudência foi um tema peculiar ao pensamento antigo (greco-romano), desde o ideal aristotélico da *mesotès* – a coragem como meio termo entre temeridade e covardia – à valorização romana da *prudentia*, mais que da *sapientia*, como virtude[14]. Evidentemente a concepção relativa ao mérito de algo, como a prudência, envolvia uma determinada visão do homem: o homem como consciência e como consciente equilíbrio. Mas com o conceito de prudência se ligam os próprios atos humanos, sobretudo os atos que implicam julgamento: o julgador cumpre um ato de prudência porque esta se situa em cada caso concreto, coisa distinta do pronunciamento teórico e/ou genérico. Por meio de sua ligação com o julgamento e a concretude, a velha noção de prudência vem relacionar-se entretanto com a **decisão**, categoria adotada pelo pensamento político do século XX, sobretudo em Carl Schmitt, para designar atos especificamente criadores no plano da ação.

Há também, por dentro da teoria da prudência, bem como na figura da "decisão", uma concepção da vontade. Naquela, a vontade como faculdade intelectualizada e **ponderada** (portanto medida: *metron ariston* etc.), nesta uma exasperação da vontade, entronizada – na linha de Hobbes, senão mesmo na de Nietzsche – como fator essencial na dimensão política.

* * *

Ainda com referência ao tema da decisão e dos **atos**, agora acentuando sua relação com valores: os atos, que de resto são opções e, portanto se entendem em face de alternativas, se **situam** em circunstâncias (não é somente a liberdade que, como na frase de Sartre, é "situada", mas também todos os valores e todas as faculdades). Circunstâncias, como termo latino – do qual derivou com sentido diferente a palavra correspondente na língua inglesa –, tem um sentido mais amplo que o *Lebenswelt* usado por Husserl com significado específico[15]: circunstância abrange o que às vezes se chama "contexto", mas inclui também a **disposição** subjetiva e o **momento** temporal dos atos.

Grande número de autores já escreveram sobre o conceito de política e sobre o *homo politicus*. Destacaria a respeito as páginas de Spranger no livro *Lebensformen* (Formas de Vida), correlacionando com o homem político o apego ao valor poder. Há, porém, uma reflexão distinta a fazer, tratando do tema da variação da estrutura do poder conforme o tipo de homem que o utilize. Aliás, Platão, em certo trecho de sua *Politeia*, indicara que cada "forma de governo" é correlata do predomínio de determinado tipo de **homem** – o democrata, o plutocrata, o timocrata e assim por diante. Esse enfoque é realmente importante, porque expõe tipologicamente o fato de que em determinados momentos o modelo psicossocial dominante é o do homem do dinheiro, em outro o do homem das armas, e tal dominação exerce direta influência sobre as estruturas políticas. Certamente Platão percebeu a relação entre a força do dinheiro (ou a das armas) e o poder político, mas não **reduziu** o problema a tal relação: ele entendeu que os homens se diversificam conforme seus valores, e com isso se diversifica a relação entre o poder e o modo humano de atuar.

De fato, sendo a política e a educação duas coisas conexas – e isso também foi tema de Platão –, ser político é algo que se aprende, que se "chega a ser" por formação (tanto quanto por vocação), e nesse caso teríamos na história contemporânea o tema da diferença entre o homem conservador, o liberal e o socialista, três tipos básicos, além do "ditatorial" relacionado por alguns autores com certo tipo de personalidade.

Poderíamos por outro lado distinguir, sobretudo com vistas à história moderna, entre teorias políticas que tomam como ponto de partida uma determinada visão do homem (o que é o homem) e teorias que buscam **mudar** o homem. No segundo caso trata-se de posições revolucionárias (diz-se, por exemplo, que a Revolução Chinesa tentou mudar o homem e não apenas a ordem social). Na verdade as posições políticas que se acham no segundo caso se arrimam sempre em alguma visão do ser do homem – e de sua história –, assumindo, porém, uma discutível pretensão, a enorme pretensão de julgar e alterar este ser.

* * *

A evolução da imagem política do homem, que não pode ser demasiado simplificada, terá passado por alguns períodos fundamentais, conforme os contextos históricos em que se vem realizando. A dimensão política sempre envolveu, em todos os povos, um inarredável dualismo, que corresponde à polaridade do poder e que representa governantes e governados: monarcas, nos casos da história dita antiga, e povo, este feito de "súditos". No mundo greco-romano começa a surgir a ideia da autonomia da comunidade política e do autogoverno por parte do grupo mais representativo dentro da cidade. Surge o *polites* nas cidades gregas, Atenas exemplarmente, o *quirites* em Roma[16]. O "súdito", das monarquias, sendo substituído pelo **cidadão** a partir das "repúblicas" e das revoluções demoliberais, dentro do ideal (latente em Rousseau) da identificação entre governar e ser governado. Com os avanços do socialismo, a valorização do trabalho e do trabalhador trouxeram em alguns casos – teóricos e reais – a ênfase sobre o "operário" e a respectiva **classe** como entidades históricas decisivas, dentro de um esquema que (conforme anotado mais acima) colocou os conceitos dentro dos programas de ação e os programas de ação dentro de crenças messiânicas.

Digressão sobre cidade e política

As imagens habituais da história são em sua maioria imagens de cidades e do homem urbano: casas, palácios, templos, ruas, praças, colunas. O mundo rural aparece como cenário complementar – ordem social anterior ou lateral em relação à realidade urbana. Buscar a história dos povos antigos é rastrear ruínas de cidades, encontráveis em todos os continentes, desde a marca clássica das grandes culturas até os rincões da Ásia e das Américas Central e do Sul. Seria de perguntar-se se existe no ser humano, paralelo ao instinto gregário que forma as sociedades, um instinto correspondente à edificação de cidades, com as quais, aliás, se complicou o hábito humano de dar **nomes** às coisas. Encontram-se restos de cidades, com datas díspares mesmo entre as mais antigas, em todos os quadrantes, inclusive na África, sobretudo nas regiões ligadas às origens do Egito e nas relacionadas com o antigo comércio greco-romano. É impressionante como a estrutura básica existe em toda a parte: vários autores já estudaram a constância de certas formas geométricas, que envolvem muralhas e praças por meio de linhas específicas[17]. Há, aliás, quem aponte arquétipos cósmicos no traçado das cidades, que repetiriam, em sua configuração, modelos celestes[18]. Também pode ver-se aí um caso de "lei da imitação" (do hoje injustamente esquecido Gabriel Tarde), que, tirando-se à parte o título de **lei**, ainda explica muitas coisas.

Entretanto a visão das cidades, desde as alusões clássicas até a sociologia contemporânea, revela uma tendência eurocêntrica. "Cidade" significa um tipo de conjunto arquitetônico que incluíu as grandiosidades egípcias e babilônicas, mas se expressou sobretudo nas *poleis* gregas e nas cidades romanas – em Roma especialmente. O conceito abstrato de ***civitas***, presente inclusive em Santo Agostinho e em Campanella, consagrou o prestígio daquela visão. Mas depois do aparecimento dos relativismos culturais, principalmente no século vinte, o estudo das cidades se ampliou no tocante aos supostos antropológicos. O aparecimento de cidades terá sido um momento característico dentro das **origens**, em cada grande âmbito cultural, com o assentamento territorial e o aprendizado da construção em pedra. É sempre tentador fazer frases a respeito, aludindo às cidades como "primeira utopia" ou como inicial violência; mas parece certo que o advento delas constituiu (em cada ciclo cultural) o marco de um padrão de vida coletiva que veio a ser considerado normal pelos povos, moldando instituições e condutas. Realmente, **ismos** e revoluções, modas e linguagens são obra da dinâmica social vigente nas cidades. Continua em aberto a questão de saber se uma parte da atual "crise" do mundo não será proveniente da saturação do **modo** urbano de viver, que levou os homens à massificação, à tecnocracia e ao esvaziamento das crenças, dentro da expansão do Ocidente e da "planetarização" da existência[19].

Permanências, alterações, perspectivas

As expressões do ser do homem, expressões do humano, se diversificam conforme coisas que se têm chamado de causas, fatores, condições, contextos. Diversificam-se como todos sabem no tempo e no espaço, e através da diversidade perpassam traços constantes. Há, portanto, um plano que é o das permanências e outro que é o das alterações. Com referência àquele fala-se nos "atributos" do ser humano; com referência a este se montam comparações, fala-se em progresso, evolução, decadência, crise.

Considero equivocada a ideia, própria do século XIX, de que o homem se teria alienado em sucessivas formas, identificando-se com (ou subordinando-se a) este ou aquele ente: os astros, os deuses, as árvores, os animais; e de que cabe "agora" assumir-se, reconhecer-se, liberar-se. Em Feuerbach e em Marx, bem como em Nietzsche, sob mira distinta, encontra-se essa ideia. Não parece que tenha sido uma "alienação" a instauração das crenças e dos cultos antigos, referentes aos mortos e à casa, aos deuses e ao cosmo; nem que o homem moderno seja muito diferente do antigo, posto que **depende** de coisas que são máquinas, opiniões, imprensa, organizações. "Liberar" o homem destas coisas – inclusive liberando-o das "contradições" como alguns pretendem – será utópico, literalmente utópico, se se entende que não se coloca nada no **lugar** das crenças à antiga, nem no das organizações à moderna. Fora do plano utópico o que se tem, como experiência histórica, é o predomínio de ideologias e partidos, que são sempre crenças e organizações. O homem se relaciona com o **mundo** (e com os outros homens) por meio de formas que correspondem às incidências do poder e da persuasão, envolvendo valores. Ele se descobre como homem moldando sua autoimagem, conforme as condições históricas. E o que dá sentido ao passar **histórico** do tempo é que ele possibilita aos homens reencontrarem-se consigo mesmos, idênticos e diferentes conforme as épocas, e reconstruir com suas diversas imagens uma imagem mais geral de seu ser. A história corresponde a um "enriquecimento", porquanto faz crescer a visão que os homens têm das diferenças e das permanências que ocorrem entre passados e presentes. Isso, evidentemente, se e enquanto os homens puderem e quiserem ver as imagens históricas.

De qualquer maneira é valido dizer que o humano se apresenta provido de uns tantos dualismos fundamentais, **dualismos** constitutivos e peculiares. A história altera a relação entre os termos destes dualismos: assim no caso dos sexos, bem como no caso da diferença entre o lado público e o lado privado da existência; também no caso da relação entre o que se denomina de "local" e de "universal". O que se chama de universal é algo composto de imagens que, por se tornarem exemplares, se tomam como modelos genéricos, via processos culturais específicos[20]. Com base naquelas imagens e nesses processos se delimitam conceitos como "cosmopolitismo", "província" e outros.

* * *

O século XX, afastando os homens de suas imagens clássicas e apertando sobre eles o cerco das saturações e das **crises**, obrigou o pensamento social a uma série de reexames que são sempre – como o título de uma obra de Jaspers – "balanços" e "perspectivas". No fundo trata-se sempre de interpretações, e a propósito disso vale aprofundar mais uma reflexão sobre o ser humano.

Observou Eudoro de Sousa, grande helenista português que viveu muito tempo (e morreu) no Brasil, que o homem é o animal que recusa: recusa o que lhe é dado gratuitamente. O homem, agrega, é a própria recusa[21].

Vejamos. Evitando o que lhe é "gratuitamente dado", o homem escapa do que lhe é imposto, sobrepondo-se ao meramente natural. Acontece que em cada circunstância de espaço e tempo o homem terá tido um modo de ver o que é o "natural" e sua relação com ele, para elaborar **seu** mundo, o que envolve um problema de interpretação: interpretar o dado e elaborar o não dado, algo obviamente variável como fato histórico. Só que com isso temos no homem um misto de recusa e afirmação; e temos que a recusa pode ser também recusa a coisas dadas dentro do próprio mundo – e aí entram as atitudes diante das instituições, que são algo dado. Falei disso no livro **Ordem e Hermenêutica**.

Mas, dizia, o século XX tem estado às voltas com balanços e perspectivas, com muita frequência entre o espetáculo do poder e a crítica humanística. Assim tem sido, ao menos ou sobretudo desde o Renascimento: as ciências chamadas positivas postas a serviço do poder material das nações (armas, inventos técnicos, domínio espacial) e as ciências ditas humanas servindo à crítica – inútil mas significativa – e à estimação "humanística" das situações concretas. O confronto se redimensiona **hoje** com o tema da ecologia (que não deixa de ser algo como uma ciência humana) e com o predomínio das estruturas tecnocráticas (ou tecnoburocráticas).

Justamente como final do milênio, o trecho conclusivo do século vem decorrendo como um hoje intensamente movimentado: o **hoje** é sempre precariedade e privilégio, e isto é o que ocorre com nossos tempos.

NOTAS

(1) – Refiro-me principalmente à *Philosophie der Symbolischen Formen* (trad. ital. *Filosofia delle forme simboliche*, 4 volumes, La Nuova Italia, Florença 1966); complementarmente ao *Essay on Man* (trad. esp. *Antropología Filosófica*. 3.ed. México, Ed. FCE, 1963). Valeria mencionar também o importante livro de Bernard Groethuysen *Anthropologie Philosophique* (Gallimard, Paris, 1980), escrito como um ensaio de história de ideias.

(2) – Entendo por ética clássica o conjunto de usos e preceitos que, nas civilizações antigas, vinculava os atos das pessoas com fundamento na estratificação social e em uma rígida indicação de deveres. Eram esses deveres que, na tragédia grega, obrigavam os protagonistas a cumprir tais e tais ações, em função da condição de pai ou de rei, de filho ou cidadão. Há uma referência à "ontoteologia" (em que "a forma antecedia à decisão") no primeiro ensaio dos que constam do livro de CASTRUCCI, E. *La forma e la decisione* (Giuffré, Milão, 1985). Interpretamos a rigidez das éticas clássicas em contraste com os relativismos contemporâneos – onde as "circunstâncias" flexibilizam os julgamentos – no ensaio "Do maniqueísmo à tipologia": cf. *Humanismo e História*. ed. Fundarpe – José Olímpio, Rio de Janeiro, 1983, cap. VII; 2. ed. Bagaço, Recife 2009.

(3) – Cf. ZEITLER, R. *Klassizismus und Utopia*. Estocolmo, Almqvist & Wiksell (Upsala), 1954.

(4) – HAVELOCK, E. *Aux origines de la civilisation écrite en Occident.* Trad. E. Moreno. Paris, Ed. Maspero, 1981. O assunto vem sendo estudado, sobre fontes específicas, por GOODY, J. *The domestication of savage Mind.* Cambridge Univ. Press, reimpressão 1988; Idem, *A lógica da escrita e a organização da sociedade*. Trad. Teresa Peres. Edições 70, Lisboa, 1987. O tema da escrita vem sendo, por alguns autores de hoje, repensado em termos filosóficos: inclusive por

DERRIDA, J. *Texto y desconstrución*. Anthropos, Barcelona, 1989". Esse repensar, porém, se nos afigura um tanto sobrecarregado de sutilezas e de paradoxos.

(5) – Cf. artigo de CÂMARA, S. In: *Revista de Occidente* n. 72, maio 1987, pp. 106-7. – Esse assunto leva ao problema do aparecimento da filosofia, ou antes, do pensamento racional. Recordo que Soloviev escreveu, em 1874, que a filosofia surge quando o pensador separa o seu pensamento da fé popular, comum (*Crise de La Philosophie occidentale*. Trad. M. Herman. Paris, Aubier-Montaigne, Paris 1947, pp. 163-4). No fundo, trata-se sempre do fenômeno da dessacralização ou secularização da cultura.

(6) – Para algumas informações eruditas, KIRK, G. e RAVEN, J. *Los filósofos presocráticos*. Trad. Jesús Garcia Fernandez. Madrid, Ed. Gredos, 1969, pp.369 e segs. (cap. X).

(7) – Os entes: a escolástica recebeu e fixou o conceito aristotélico de *ente*, tirado, junto com o de essência, de dentro da noção de ser. Segundo Ortega, o pensamento cristão, adotando a ontologia grega, teria encaixado sobre moldes racionais a ideia hebraica de Deus, mais forte e mais terrível: algo como domesticar – aduz o pensador espanhol – o tigre da Hircânia. Mas tivemos, no século XX, um esforçado retorno ao ser, em Heidegger, que evitou a metafísica em aras da ontologia.

(8) – Spinoza percebeu o fenômeno da dilatação do ser, no homem, definindo a alegria nesse sentido como aumento da perfeição da alma (a tristeza correspondendo a uma diminuição desta perfeição): *Ética*. Trad. L. Xavier. São Paulo, Ed. Atena, s.d., Parte III, escólio da proposição XI. Cf. edição francesa. Trad. Ch. Appuhn. Garnier, 1953, tomo I.

(9) – Aqui entraria o tema da desigualdade, com alusão aos igualitarismos modernos. Sobre estes, v. FINKIELKRAUT, A. *La défaite de la pensée*. Gallimard, Paris, 1987, pp.135 e segs., onde analisa o "niilismo" que combate as hierarquias literárias e genericamente culturais.

(10) – Somente reduzindo-se o conceito de burguesia ao seu lado econômico, pode-se omitir sua relação com uma *Weltanschauung* e com uma metodologia. Para a distinção entre proletário e operário cf. ARON, R. *In: Diógenes*. Ed. UnB, Brasília, n. 3, 1983.

(11) – Cf. GRIMAL, P. *La civilisation romaine* (Arthaud, Paris, 1960, caps. VIII, IX e X), e também RYCKWERT, J. *The idea of a town – the anthropology of urban form in Rome, Italy and the ancient World.* Princenton University Press, 1976. – Na criação de cidades, como nas utopias, entrevê-se o clássico *incipit vita nova,* paradoxalmente a-histórico, mas visceralmente classificatório, diferenciador e hierarquizante.

(12) – Para as relações deste modo de ver com as manifestações da violência moderna, cf. COTTA, S. L'ideologia della violenza. In: CASSANDRO, G. e outros, *Violenza e Diritto*. Milão, Giuffré, 1982, pp.129 e segs.). – V. também MELO, R. de. In: *Reflexões – política, filosofia, sociologia, antropologia.* Ed. Arcádia, Lisboa 1981, pp.184 e segs.

(13) – Cf. DIOGÈNE. Gallimard, Paris, n. 71, 1970, p.109.

(14) – Vale mencionar as referências feitas a respeito por LABROUSSE, R. *Introduction à La Philosophie Politique*. Ed. Marcel Rivière, Paris, 1959, pp. 89-90. Cf. também VILLEY, M. *Formation de la pensée juridique moderne*. Paris, Ed. Montchrétien, 1968, pp. 54-5. Ver também o célebre ensaio de SENN, F. *Les origines de la notion de jurisprudence*. Paris, Ed. Sirey, 1926, passim. – No termo *phronesis,* que em Platão assumiu sentido puramente intelectual, mas em Aristóteles seria um precedente da prudência romana, ainda se guardou um curioso resquício etimológico, relacionado com *phrenes* (diafragma) e com a ideia inicial de que os homens pensariam com o coração: cf. PETERS, F. *Termos Filosóficos Gregos.* Trad. Beatriz Barbosa, 2.ed. Lisboa, Gulbenkian, 1983, p.119.

(15) – Sobre o significado do termo em Husserl veja-se o artigo de AGUIRRE, A. In: *Revista Venezolana de Filosofia*, n. 9 (Caracas 1979).

(16) – Deve-se, entretanto, evitar os excessos do esquematismo. Há hoje, inclusive, pesquisas sobre esboços de "democracia" em sociedades pré-helênicas. De qualquer sorte é necessário o relativismo histórico para a compreensão das diferenças, e nesse ponto vale citar o breve período de Umberto Cerroni (cuja formação marxista não o impediu de se manter relativista): "Si a nuestros ojos resulta ya casi ininteligible la idea aristotélica en el sentido de que cuidadano es aquel que participa de las magistraturas, igualmente ininteligible resultarian para el cuidadano griego las Declaraciones de los Derechos" – *Introducción al pensamiento político*. Trad. A. Córdova. 10.ed. México. Ed. Siglo Veintiuno, 1979, p.16.

(17) – Para o geral, os clássicos de MUNFORD, L. *As cidades na história* (2.ed. bras., São Paulo, UnB – Martins Fontes, 1982 e *A cultura das cidades*. Ed. Itatiaia, Belo Horizonte, 1961. Também RYCKWERT, J. *The idea of a town*, citado. Para a alusão às velhas cidades da África, cf. DAVIDSON, B. *Revelando a velha África*. 2.ed. Lisboa, Pelo, 1977.

(18) – No caso ELIADE, M. *Le mythe de l'éternel retour.* Ed. Gallimard, Paris 1969, cap. I.

(19) – Revendo a evolução do *logos* urbano, Carlos Moya menciona o caráter violento (e também fálico) da expansão de Roma, ao lado do sentido de ordem – e de "cosmos político" – assumido exemplarmente, depois, pela urbe (*De la ciudad y de su razón*. Madrid, Ed. Cupsa, 1977, cap. II, pp.79 e segs.).

(20) – Permito-me remeter aos meus escritos sobre exemplaridade histórica, ora em *Humanismo e História,* citado. A diferença entre o universal e o local deve ter evoluído a partir da fixação dos registros geográficos na antiguidade; paralelamente a metafísica elaborou o conceito dos "universais", entes ideais correlatos de noções genéricas. Aos processos filosóficos vêm

sempre correspondendo processos culturais; no caso, processos que **universalizam** imagens. Esses processos apresentam graus e variáveis. Evidentemente a figura do homem se construiu por meio desses processos, consolidados pela difusão da escrita e pelas comunicações em geral (uma breve passagem em GINZBURG, C. *Mitos, emblemas, sinais.* São Paulo, Ed. Companhia das Letras, 1989, 167p.

(21) – SOUSA, E. de. *Mistério e Surgimento do Mundo.* Brasília, Ed. Unb, 1988, parte I, p.7.

Recife, 18 fev. 1990

(Publicado na *Revista Brasileira de Estudos Políticos.* Belo Horizonte, n. 72, 1991)

A história como testemunho

> "Não que eu queira rejeitar as representações que nos oferecem o mármore e o bronze, mas os traços do homem são frágeis e perecíveis, e como eles os simulacros que os representam. Somente a figura da alma é eterna, e nenhuma arte pode desenhá-la; cabe ao próprio homem retomá-la em suas ações" – TÁCITO, **Vida de Agrícola**, in fine.

Poderia ser um ponto de partida a afirmação de que o humano é sempre algo que depende de algum testemunho. O humano é algo que "se desenrola", ou que se **situa** e se **caracteriza** em função de um testemunho: desse testemunho provém o registro do que ocorreu ou do que se situou, e de sua caracterização. Foi necessário o surgimento da consciência para que, atuando como duplicamento, ela situasse e operasse uma espécie de autotestemunho. Valores, símbolos, formas, tudo isso se insere em uma configuração inteligível a contar de um testemunho, de alguém que viu e presenciou, e que vai registrar de algum modo as coisas. O sujeito absolutamente só é precária e quase vãmente agente, e os **fatos** o são por causa de uma constatação que os configura. Nem os sofrimentos nem as alegrias dispensam, para ter sentido pleno, a contribuição do "outro". O sofrimento solitário parece por isso um tanto estranho, e a alegria solitária chega a parecer derrisória e perversa. Daí talvez o surgimento das artes e da literatura: modos de registrar, como se fosse por parte de um **outro**, alegrias e sofrimentos, atos e situações. Isso vale tanto para as épocas em que a arte se põe a serviço do poder e da visão pública, como para as épocas em que exprime vivências individuais e dimensões privadas. Daí, ao que parece, o coro na tragédia grega, forma de testemunho apto a ampliar e plenificar o sentido das situações e das falas eventualmente monologais: o coro representava a comunidade, e ao mesmo tempo um juízo crítico circunstante.

Daí também, na retórica dos historiadores, a tendência a tratar como se fossem peças teatrais os episódios narrados, chamando os locais onde eles ocorrem de "palco" ou de "cena" e "cenário". Palco e cenário como delimitação do visível, do ofertado ao olhar, do que adquire sentido à medida que é contemplado por um espectador: **teatron**.

E com isso, de novo aludindo à literatura, poderíamos citar a referência ao sol como testemunha, em Baudelaire, ampliando e enriquecendo as proporções das coisas, de certo modo humanizando-as, como no poema "Le soleil" (número XC de *Spleen et ideal*):

> *Quand le soleil cruel frappe à traits redoublés*
> *sur la ville et les champs, sur les toits et les blés.*

Poderíamos citar também, entre tantos outros exemplos, as menções à janela, como símbolo do ver, desse aberto e ingênuo **voyeurismo** provinciano, tanto em Flaubert, quando escreve sobre a janela na província (capitulo VII da segunda parte de *Madame Bovary*), que "substitui os teatros e os passeios", quanto em Lampedusa, que em certo trecho do *Gattopardo* se refere às janelas da praça em Donnafugata.

Pessoalmente me recordo de uma pequena árvore que cresceu sobre o muro de um prédio em ruínas, no centro do Recife, fazendo um estranho e sutil efeito estético que provavelmente ninguém documentou. Do mesmo modo fatos e mais fatos deixam de ser registrados, e de entrar para o acervo de informações e imagens que constitui a memória histórica: o ver, o mero ver, com toda a intensidade que possa ter, deixa de produzir a perpetuação que possivelmente pretende, se não ocorre o registro adequado.

* * *

A correlação entre situações e expressões, ou por outra a permanência histórica dos processos de divulgação e difusão de informações, nos revela quão antiga, obviamente antiga, é a experiência da **comunicação**, e quão ingênuo é fazer coro com certas "teorias" que afirmam enfaticamente estarmos **hoje** na era das comunicações. Todas as eras o foram, e o esforço de divulgar e difundir (sem embargo de que controlando e selecionando) sempre ocupou os governantes em todas as épocas: divulgar notícias de vitórias militares, através de inscrições e arcos de triunfo; difundir advertências sobre perigos, medidas administrativas, tributos a cobrar. Todo o império romano conheceu posturas administrativas, e muito antes o império persa havia utilizado espias, correios e estradas para viabilizar controles e contatos. Harold lnnis (que influiu sobre Mac Luhan) escreveu sobre isso em um livro chamado *Empire and communication*.

Seria fácil dizer que a história vem sendo entre outras coisas a evolução dos modos de fixar testemunhos e difundir notícias: do relato oral, conservado nas comunidades arcaicas como função específica, às inscrições, aos anais, à historiografia erudita moderna. Um toque sagrado existiu nas tradições orais, de âmbito tribal, e persistiu nas inscrições, que no mundo antigo consagravam a pedra e o metal (inclusive o bronze, sempre mencionado); a secularização da cultura veio trazer um sentido mais "funcional" ou então apenas comercial e político para os processos de informação. Até que chegamos a ter, com os espaventosos e alvoroçantes progressos técnicos do século XX, o registro imediato dos fatos. O espectador se torna testemunha do acontecimento poucos minutos após ocorrido, senão mesmo no seu momento de ocorrer.

Só que o **testemunho**, em um sentido maior e mais fundo, é mais que o registro e que a visão em senso meramente ótico. Ele corresponde a inserir a informação em um sistema de significados, corresponde a uma potencial hermenêutica do acontecer.

* * *

Mais talvez do que em qualquer outra das ciências sociais, ocorre com a ciência histórica que ela constitui uma visão. Ela representa e configura fatos (ocorrências ou "quadros"), representa-os conforme um ângulo ou um propósito interpretativo. Um "ver sem ser visto", conforme escrevemos uma vez. A visão de que depende o relato, ou que se delineia como relato, se acha evidentemente condicionada por uma perspectiva, no sentido orteguiano. E com isso se tem que é impossível, é ilusório e até contraproducente pretender que o conhecimento histórico "venha a tornar-se" tão rigoroso ou tão objetivo quanto o que ocorre nas ciências chamadas naturais: naquele conhecimento (como de resto no plano das ciências sociais em geral) não se pode eliminar por completo o componente doutrinário, senão mesmo talvez o ideológico. O saber social é constitutivamente interpretativo, e nisso estão certos os seguidores da "filosofia hermenêutica", que a partir de Gadamer vêm admitindo que as variáveis interpretativas são partes integrante do processo de construção do conhecimento em ciência social. Isto, aliás, o havia entrevisto Vico, ao teorizar sobre o *factum* histórico como verdadeiro objeto do conhecimento humano.

O interpretar, no caso, se entende como específica recuperação do acontecido. O conhecimento da história é tanto mais pleno quanto mais se identifica com o fato conhecido em termos de inteligibilidade e compreensão. Com isso nos recordamos de Benedetto Croce e sua teoria de que toda a história é "contemporânea", na medida em que o historiador, ao reconstruir o passado, o coloca em um plano gnosiológico que é o mesmo de seu espírito. Deste modo se têm como contemporâneos todos os passados, e todo o presente. Esta ideia corresponde a entender-se o papel do historiador como o de um concreto e criativo vetor cognoscitivo, capaz de religar tempos diversos através de categorias interpretativas.

O conceito de tempo, no caso, adquire sentido obviamente distinto do que tem nos problemas físicos. Trata-se agora de algo que molda e que se amolda, algo que se configura e que se introduz na imagem das coisas. Fernand Braudel aludiu ao tempo "matemático e demiúrgico" que é o do historiador[1]. Mas o tempo não é apenas a dimensão do mutável e da mutação, mas também a **ocasião** e o plano das imagens que se elaboram e se retêm: imagens tornadas "exemplares" pela permanência e pela atuação, tema sobre o qual nos detivemos em outro momento[2]. O tempo, que na frase famosa de Raul Pompeia seria não somente "a ocasião passageira dos fatos" mas também "o funeral para sempre das horas", está ele mesmo **dentro** dos fatos e é ele mesmo a sucessão das horas. Dessa fatal passagem, a visão documentadora tenta retirar certas imagens, retirando na verdade uma representação delas, para que testemunhem os fatos em si mesmos inapreensíveis.

Testemunhar: como se sabe, o termo "mártir" corresponde ao verbo grego *martüreo*, dar testemunho. O martírio cristão consistia não no morrer, propriamente, ou no submeter-se ao sacrifício, mas na confirmação da fé (ou da verdade) por meio de um testemunho, certamente extremo. Sacrifício, isto é, a conversão do sofrimento em uma dimensão de sagração, ou seja, consagração, como em tantos ritos e tantos casos em contextos diversos. Seria o caso de pensar-se se o fato de "sofrer" certas situações (mais do que o simples e objetivo **ver**) não equivale a testemunhá-las em grau específico. A experiência da historicidade será então o correlato de uma série de testemunhos. Aqui não se trata, como em certos reducionismos, de uma alusão a vencidos e vencedores ou dominantes e dominados: sofrer conjunturas vai no sentido que se liga ao francês *pâtir* e sua origem em *pathos*, o sentir profundo. Vai no sentido de um **assimilar**, bastante para enriquecer o testemunho com um pronunciamento expressivo, e isso pode ocorrer com os profetas bíblicos, com os jograis medievais, com os nobres do tempo de Francisco I ou com o "intelectual" moderno. Seria este talvez um outro mártir, testemunha, mas também crítico, e especificamente testemunhador da história como drama. Portanto um personagem complexo e ambíguo.

* * *

Em uma passagem de seu belo livro *L'Ordre Du Monde*, Jean-François Mattéi se refere ao esquema heideggeriano terra-céu/divinos-mortais, relativo ao "habitar" próprio dos homens. Esse habitar, fiel à terra, se relaciona entretanto à tentativa dos mortais de instaurar a imortalidade por meio do plano institucional do viver, isto é, da sociedade e da cidade. Então aquele autor menciona a frase de um poeta:
"o mármore sobrevive à cidade",
acrescentando que, sob o prisma político, a cidade sobrevive aos mortais. Ou seja, as instituições duram mais do que os homens em sua vida comum[3].

Examinemos, porém. É certo que as cidades perecem, e mesmo nas cidades mortas os mármores permanecem: pedras verticais e horizontais que recordam a vida passada. É certo que a vida das cidades atravessa a dos mortais, dura mais que ela. Mas são sempre os mortais, outros (e posteriores) mortais, que de algum modo vêm reencontrar os mármores, recordadores de cidades; e vêm reencontrar-se neles. É esse reencontro, e apenas ele, que permite aos mármores **testemunharem** sobre o passado das cidades, e que faz, das cidades "mortas", testemunhas do que ocorreu com mortais anteriores. Esse é o significado da arqueologia.

Os mármores, ou mais genericamente as pedras como testemunhos. Então vale anotar: talvez os deuses tenham sido inventados para isso, para que os atos humanos não ficassem sem testemunhas

* * *

Seria longo percorrer todas as sendas abertas pelas sugestões e implicações do tema, mas cabe colocar alguns subtemas. Entre a história-fato (realidade) e a história-relato (visão, saber) acha-se o historiador. Entre o historiador e o objeto que relata, se interpõem distâncias, equívocos, distorções de informação e mais os condicionamentos ligados ao seu **viés** psicológico.

Paul Valéry escreveu que a história tem por matéria "a quantidade de eventos ou de situações que no passado caíram sob o conhecimento de alguma testemunha"[4].

A testemunha, no caso, é alguém que viu, ou que de qualquer maneira "presenciou" os eventos. Relação casual, eventual, ou relação sistemática: a história consta de relatos contidos em alusões pessoais, memórias, por exemplo, ou de narrativas pretendidamente completas como as de Heródoto e de Tucídides. Evidentemente essa diversidade é atravessada por uma outra, referente à diferença entre o registro oficial e o não oficial, ambos sujeitos a lacunas ou a falseamentos (como no sempre citado caso da batalha de Kadesh).

A mentalidade de tipo evolucionista-positivista considera a existência de um aperfeiçoamento inexorável dentro do registro historiográfico. Teríamos destarte progressos ostensivos e crescentes, indo desde as obras dos historiadores "antigos", passando pelos *chroniqueurs* medievais, até aos cientificismos e metodologismos dos séculos XIX e XX. Entretanto a verdade é que a historiografia continua a ter um lado de arte, e a ter um sentido literário. Thomas Macaulay sabia disso, e assim escreveu, ao início de seu famoso ensaio sobre Hallam: a história é um misto de poesia e filosofia[5].

Esse lado literário, ou de qualquer sorte não rigorosamente "científico" do trabalho historiográfico, se revela com bastante nitidez quando se trata de épocas recuadas, acerca das quais o conjectural e o aproximativo prevalecem sobre o exato e o "objetivo". Nestes casos as fronteiras entre história e arqueologia se tornam imprecisas, e nisso radica o estranho encanto dos dados arqueológicos, com sua precariedade, seu mistério e sua compostura de testemunhos do passado.

Citamos acima a imagem segundo a qual as cidades, que sobrevivem aos mortais, são sucedidas depois de mortas pelas pedras que as integraram. Os passados se sucedem, e os povos antigos sabiam disso quando tomavam conhecimento de impérios sucessivos e de experiências permanentes. As imagens se acumulam e formam, na mente dos povos, representações genéricas: assim os mitos podem ser vistos, de certo modo, como fragmentos de um vasto painel do mundo, fragmentos de uma possível perfeição.

    O conhecimento histórico tenta penosamente reter e juntar fragmentos. São pedaços da experiência dos séculos, que se depositam nos étimos e no percurso das palavras, nas inscrições e nos relatos. Proust aludiu à sintaxe **viva** da França do século XVII, que se encontra em Racine: "formas acabadas e tomadas à vida do passado, que vamos visitar como em uma cidade antiga conservada intacta"[6]. O conhecimento histórico tenta avizinhar-se da realidade, ronda-a; afinal é como em todos os assédios, primeiro o cerco e depois a penetração. O historiador penetra no real, remoto ou recente, para entendê-lo e para revelá-lo, para "desentranhar" significados. A grande tentação corresponde ao desejo de fazer desses significados uma configuração racional: com muitos ocorre o problema, inclusive à medida que neles a intenção basilar não é a de saber e entender o histórico como tal, mas a de conduzi-lo a um esquema racional prévio. A razão, que tem razões e tem astúcias, a razão que com seu sonho engendra monstros (como no desenho de Goya), promove montagens específicas. Ortega indicou em Hegel o despropósito de forçar a entrada do racional no histórico. Pode ser que exagerasse, já que o pensamento hegeliano é bastante complexo e nele a relação entre o racional e o real fundamenta vários enfoques, mas enfim a advertência é válida: por mais que se encontrem traços racionais no processo histórico, a racionalidade em si é uma coisa e a historicidade em si é outra.

* * *

Convém anotar uma coisa sobre a filologia e a "erudição". Cabe considerá-las dentro da ideia de testemunho: o domínio dos textos, tão cultivado por exemplo no Renascimento[7] ou no século XIX, tem algo de uma exigência de rigor, uma meticulosa verificação do que ficou dito. Dessa exigência saiu a erudição, expansão não só quantitativa mas afinal também técnica e crítica do domínio das fontes do **saber**, basicamente do histórico. A conexão entre filologia e conhecimento histórico foi compreendida pelos românticos, inclusive Boeckh[8]. O desenvolvimento dos estudos filológicos no mundo ocidental contemporâneo (em especial nas Universidades) teve ligação com o interesse pela cultura clássica, inclusive com a devoção que possuíram em relação a esta um Burkhardt ou um Jaeger[9]. Nessa **devoção**, certamente, pode-se encontrar uma busca de testemunhos. Só que a busca do testemunho, em seu sentido maior, não se reduz à supervalorização historiográfica do documento, mas à utilização deste como um meio para a compreensão dos processos[10].

* * *

Conhecimento da história e conhecimento da política. Sempre se pode reavaliar o fato de os estudos históricos, durante muitos séculos, terem sido basicamente centrados sobre a história política. Foi importante que sobrevivessem a história econômica, a demográfica, a cultural: depois delas podemos rever os conceitos e admitir que para os antigos – Aristóteles inclusive – a "ação" política é a **ação** por excelência. Hannah Arendt sabia disso. O político como dimensão objetiva do viver histórico, eis o sentido que a coisa assume.

Apesar de nossa tendência moderna a entender as coisas "clássicas" em sentido predominantemente cultural (o que aliás não é incorreto), o mundo clássico deixou entre seus legados essa conexão entre visão histórica e visão política. Escusado será dizer que "político" vai nesta frase em seu sentido mais profundo. Encontro, no notável livro de Cynthia Farrar sobre o pensamento democrático grego, uma alusão a Tucídides e à sua temática histórico-política: a autora pretende, com base nas sugestões do historiador grego, que seja possível reencontrar o caminho para uma vida "reflexiva e política"[11].

Entretanto o legado clássico não significa somente a possibilidade de entender politicamente (em sentido amplo) os processo históricos; ele permite também, por uma inversão, entender historicamente os processos políticos. A anotação parece trivial, mas não tanto se se entende que o relativismo histórico é um modo de relativizar os valores políticos. E relativizá-los não é apagá-los: em um mundo dessacralizado e entregue a constantes mutações, nenhum dogmatismo ajudará a salvar os valores da convivência. Os relativismos são o preço das crises, e precisamos deles para continuar lúcidos após cada momento das mutações. Talvez tenhamos de recomeçar sempre, cuidando de recompor traços e de tentar entendê-los. Traços imperfeitos e indispensáveis, que são e talvez continuem sendo, para os homens, algo como um desenho inacabado.

NOTAS

(1) – Fernand Braudel, *Escritos sobre a história*, trad. São Paulo, Ed. Perspectiva, 1978, p.72.

(2) – Os clássicos e a exemplaridade histórica, em *Humanismo e História*. Rio de Janeiro, Ed. Fundarpe-José Olímpio, 1983.

(3) – Jean-François Mattéi. *L'Ordre Du Monde. Platon, Nietzsche, Heidegger.* Paris, Ed. PUF, 1989, p.156.

(4) – *Regards sur le monde actuel et autres essais.* Paris, Ed. NRF (Gallimard), 1945. "Avant-propos", p.14.

(5) – "History, at least in its imaginary perfection, is a compound of poetry and philosophy. It impresses general truths on the mind by a vivid representation of particular characters and incidents" – Lord Macaulay's **Essays** and **Lays of Ancient Rome**. Londres, Routledge, 1889, p.55. Note-se no trecho a marca da concepção da história como ciência do eventual e do particular.

(6) – Marcel Proust, *Sobre a Leitura*, trad. Carlos Vogt. São Paulo, Ed. Pontes, 1989, pp.48-9.

(7) – Paul Renucci, *L'Aventure de l'Humanisme Européen au moyen age.* Paris, Ed. Belles Lettres, 1953; L. D. Reynolds e N. G. Wilson. *Scribes and Schollars, a guide to the transmission of greck and latin literature.* 2.ed., Oxford-Clarendon Press, reimpressão 1984; A. Grafton e L. Jardine, *From Humanism to the Humanities.* Cambridge, Harvard Univ. Press, 1986.

(8) – "The higher aim of philology is the historical reconstruction of the whole of knowledge as well as of its parts, and the study of the ideas which are stamped into it" – BOECKH, A. *On interpretation and criticism.* Trad. J. P. Pritchard. Norman, Univ. Oklahoma Press, 1968, p.13.

(9) – Cf. SEQUEIROS, O. A. Humanismo y Politica. La aportación de Werner Jaeger. In: *Moenia, las murallas interiores de la República* (Revista de Cultura). B. Aires, março 1980.

(10) – Certos historiadores se comprazem em discutir sobre se tal acampamento ficava a nove léguas de outro, ou se apenas a oito, ou então em saber se tal comandante chefiava noventa homens ou noventa e dois. A atenção a detalhes pode entretanto ser relevante, a depender da relação que guardem com os processos maiores. Valéry chamou a atenção para "fenômenos consideráveis" que escapam ao historiador, e isso por sua lentidão (REGARDS, op. cit., p.19). Creio que antecipou Braudel, que falava nas diversas **durações** dos processos – apesar de a alusão de Valéry ser breve e não se desenvolver.

(11) – A frase menciona um "possible way of living reflectively and politically" – Cynthia Farrar. **The origins of democratic thinking. The invention of politics in classical Athens.** Cambridge Univ. Press, 1989, p.14. O tema, como se sabe, foi também trabalhado por Hannah Arendt.

Recife, 19 nov. 1990
(Publicado na revista *Síntese Nova Fase,*
Belo Horizonte, vol. 18, n. 53, 1991)

Como construir uma teoria política

Construções, materiais, perspectivas

Certamente a construção de uma teoria, em qualquer área, pode ser comparada à construção de casas ou de coisas que são objeto da engenharia e da arquitetura: sempre há a necessidade de simetria e proporção, de par com a verificação dos materiais e o sentido dos níveis e dos prumos, além da funcionalidade e de um mínimo de estética.

Na construção de uma teoria política se engloba (ou se pressupõe) uma teoria da história e com ela uma teoria do homem – daí seu fascínio, sua complexidade, sua precariedade.

Construir uma teoria, em filosofia social ou em política, envolve uma colocação de materiais: vez por outra encontramos livros com este titulo, "materiais para um estudo sobre isto" (*Bausteine*, em alemão), aliás um tipo de título que caiu de moda. Materiais que se "arrumam" em determinados planos, que se suportam e se apoiam ou se desencontram, convergem ou separam-se, justapõem-se ou interagem.

Creio que os diversos "temas", que correspondem mais ou menos às diferentes "disciplinas" acadêmicas, especialmente em ciências sociais (o poder, a arte, a propriedade, a linguagem), formam como que pátios, nos quais – por conta das diferentes "disciplinas" – se vão empilhando através dos séculos referências e questionamentos: pilhas de citações, alusões, obras, conceitos, imagens, problemas. E às vezes estes questionamentos e aquelas referências transbordam de um pátio para outro, por cima dos muros metodológicos, ou se distribuem entre dois ou mais pátios, sempre que o acúmulo de materiais se adianta ao tratamento conceitual ou interpretativo que em essência constitui a construção teórica.

Na revista *Atlante* (1990, ano I, n. 2), encontro reproduções de admiráveis fotos de Anne Garde, fotos que foram realizadas como uma série sob o título "projeto para um palácio" e tiradas perto de Bordeaux. A perfeição técnica reúne, nelas, o insólito e o genérico, o poético das folhas e dos reflexos na água e a agressividade dos detritos. Construções semidestruídas, caliça vermelha, ruínas meio fantásticas e rastilhos parecendo fogo, reativados pela incidência da luz.

Como construir um palácio com materiais tão díspares e com tal dispersão de enfoques? Talvez submetendo, à fotografia mais impressionante, a que reproduz ruínas em diferentes pontos de distância, os trastes das outras. A construção há de ser imaginária, há de ser uma invenção ótica e cromática da fotógrafa, mas terá uma realidade estética e envolverá a aquiescência do espectador – com sua variabilidade de perspectiva.

Sobre o material histórico

Sobre o material conceitual, há uma espécie de equipagem, que se articula em forma de referências e se sustenta afinal sobre "convicções". Através dos séculos a prolongada sustentação dos trabalhos teóricos consagrou uma série de livros, que são pontos de referência na chamada história-das-ideias. Ao elaborar-se uma teoria política, será conveniente distinguir entre os autores realmente importantes dentro do que se vem dizendo (e dentro do que registra a chamada história das ideias) e aqueles que apenas estão na moda. Convém advertir que existem autores e livros que, apesar de pouco conhecidos, podem trazer materiais valiosos como informação ou sugestão. Existem citações mais ou menos necessárias, umas que já se desgastaram com o uso e se tornaram lugares-comuns (no mau sentido do termo), outras nem tanto. A existência de modas no tocante às citações é um fenômeno que tem sua história, desde as expressões de Homero, presentes nos diálogos de Platão, às frases romanas encrustadas nos ensaios de Montaigne e aos comportados artigos de revistas acadêmicas no século XX. Todos sabem que nos anos sessenta era preciso citar Fromm e Marcuse (mais do que Horkheimer e Adorno, infelizmente); depois vieram Althusser e Gramsci, Claude Lefort e Castoriadis, Foucault e mais outros. Ou então, um pouco para a "direita", Popper e Hayeck, Kolakowsky e Rawls.

Em seu livro sobre *Técnica e Ciência como Ideologia*, Habermas (ele próprio tão citado e citável hoje) se referiu às "classificações bipolares" que foram acumuladas pela sociologia desde seu início: contrato e *status*, comunidade e sociedade, relação primária e relação secundária, cultura e civilização, várias mais. Essas classificações, entretanto, têm sua relevância na medida em que expressam o encontro entre a visão evolutiva, que menciona fases, e o esforço conceitual, que propõe tipos. Mas é sempre útil saber relativizar, encontrando a medida além da qual o uso de tais expressões fica abusivo ou ingênuo.

É mais ou menos semelhante o caso das alusões, tornadas hoje lugar-comum, à **crise**, e com ela ao advento de indicativos desqualificadores, tais como a massificação, a burocracia, o organizacionismo, a vulgaridade (Heidegger mesmo aludiu a coisas assim para mencionar a queda de nível do humano, a queda no *se*: Bourdieu recolhe criticamente o tema em seu estudo sobre a ontologia política do filósofo da Floresta Negra).

E como as ressonâncias de certos conceitos (ou suas "conotações") têm o que ver com sua procedência ou sua relação com âmbitos culturais, há que se ver se a teoria política que se constrói destina-se ao "mundo" inteiro, visando a valer para orientes e ocidentes, ou se se volta para determinado contexto, para tal ou qual continente, nação ou classe.

* * *

Muitos pensadores têm começado pelo próprio conceito de política. Esse conceito, como se sabe, ocorre com certo relevo na obra de Carl Schmitt (um autor pró-nazista com alto nível teórico e meio contagiado, creio, pelo expressionismo), que definia o "político" como um campo dominado pelo binômio amigo-inimigo. Claro que a definição schmittiana tinha o que ver com suas concepções gerais, mas o binômio acerta na parte da política que concerne à disputa: luta que não se confunde com a inimizade **pessoal**. Mas a política, que é, mais o que o direito, o espaço do imprevisível, comporta angulações conceituais muito variadas: não se pode reduzi-la ao econômico, nem ao cultural, nem ao militar – como sempre pensam os teorizadores da guerra desde pelo menos Clausewitz.

A propósito disso cabe repensar o conceito de política (e "politicidade") no sentido de sua amplitude. Os tempos modernos, com a consolidação das imagens e das disciplinas que cercam ou completam a da política (economia, direito etc.), tenderam a estreitar seu conceito, restringindo seu perfil até quase confundi-lo com o do Estado. Hoje, porém, se pode retomar a noção de política em sua devida largueza, correlata da antiga ideia de *polis* e da integrativa pluralidade de conteúdos que ela conduz.

O material histórico

Passemos ao material histórico, cuja importância não se necessita enfatizar. Sem ele não se pode elaborar uma teoria política – nem qualquer teoria nos domínios das ciências "sociais", a menos que se queira ficar ao nível das cogitações conceituais sem buscar a compreensão mais funda. Mesmo a reflexão axiológica necessita da referência aos lastros históricos: os valores ocorrem na história, constroem-se conceitualmente dentro da história, e certamente a história se compreende melhor com a alusão a eles.

Na história encontram-se, ou à história atribuem-se, linhas demarcatórias: "a história" é um conceito vago que ganha sentido (e imagem) se se pensa nas partes que a constituem: partes, fases, "contextos". Naquelas linhas se situa (porque a história é feita de espaços, onde as coisas se **situam**) a problemática do "antigo".

Não vou esquadrinhar a validade do termo, já recusada pela crítica, que inclusive sabe sua origem e sua intenção, mas fixar a noção do **antigo** como contraponto de "moderno", ainda no século XIX (em Benjamin Constant, por exemplo). Aliás o tema das distinções entre política antiga e moderna tem sua história, que inclui Maquiavel, Constant, Croce, Leo Strauss, Finlay, Cerroni. O **antigo** seria o antecedente primeiro, dentro entretanto de um ciclo: a ele se atribui caráter **exemplar** (escrevi em 1975 um ensaio sobre os "clássicos" como exemplares). A ele se atribui sentido de base, ponto de partida e paradigma, confirmado e negado pelas modernidades que se lhe seguem.

Volto por um momento à referência às fotos que representariam o projeto de um palácio. Elas têm como ponto mais alto ou mais expressivo a imagem de ruínas avermelhadas que se alinham entre o primeiro plano e o horizonte. Ou seja, configuram as linhas básicas. Então talvez se possa dizer que a ruína das teorias antigas (mantidas, restauradas, revisitadas pelos pósteros) vem dando as linhas básicas para as teorias mais recentes. Ou antes, que devem dá-las, para que as teorias recentes as integrem em sua própria e sempre provisória arquitetura.

Com frequência se tem dito que os textos políticos antigos tinham excessiva relação com monarcas e feitos militares. A observação tem sentido quando se pensa em obras da história com conteúdo político, como as de Heródoto e Tucídides, ou mesmo nas alusões de Maquiavel a tramas, conspirações e vitórias. Esse assunto pode ser objeto de reflexão, inclusive a partir da diferença de perspectivas: a moderna (e sobretudo contemporânea), ligada às ciências relativizantes – sociologia, antropologia, psicologia –, e a antiga, presa a uma visão mais ética, mais formal e mais hierática dos fatos.

Entretanto o que se tem de entender são os processos, elementos e combinações por meio dos quais se formaram as imagens clássicas sobre política. Digo clássicas no sentido de antigas, principalmente greco-romanas, e no sentido de exemplares, com a acepção de que tratei acima.

Imagens sobre "cidade" (*polis, civitas, urbs*), sobre "democracia", sobre "povo". Na verdade não são somente os elementos teóricos que dão forma a essas imagens, que são tomadas como expressão de **experiências** peculiares. Claro que há componentes teóricos, dentro do modo como a linguagem fixa porções da experiência. Mas em certos casos constatam-se interferências. Um caso interessante no pensamento antigo (antigo no sentido amplo), e aqui retorna o assunto dos feitos militares, é a ligação entre a alusão ao êxito na guerra e a excelência dos governos. Encontramos isso na glorificação dos monarcas, que nos relatos egípcios e caldeus aparecem como esmagadores de inimigos, e que nos baixos-relevos aparecem enormes diante do diminuído talhe dos derrotados. Mas também no pensamento grego as vitórias militares são mencionadas como comprovação das vantagens da democracia. Pode-se citar no caso as observações de Heródoto sobre os gregos representando a liberdade, contra os persas representando o despotismo (o tema se complica em Tucídides, no qual aparece a imagem de uma cisão entre a cidade e o exército). O assunto está colocado com luminosa erudição no livro de Nicole Loraux sobre

A invenção de Atenas, e no de Cynthia Farrar sobre *As origens do pensamento democrático*. Há também algo a respeito no estudo de Marcos A. P. de Souza sobre o estrangeiro e o bárbaro na antiga Grécia, dentro do volume Cultura Grega Clássica, organizado por Loiva Félix e Miriam Goettens, editado pela UFRS.

Mutatis mutandis, e bem em nossos dias, confusos dias, acha-se o trabalho dos meios de comunicação "ocidentais", e de alguns intelectuais pouco independentes, no sentido de associar os êxitos militares norte-americanos à validade do *way of life* dos States, e à excelência de sua forma de governo. Isso ocorreu muito claramente nos dias da Guerra do Golfo, quando o poderio bélico de uma nação grande e rica se impôs sobre um povo pobre e mal armado, destruindo paredes antiquíssimas em nome de interesses econômicos e em proveito dos elogios ao orgulho do vencedor.

* * *

Interpretações: do mesmo modo que um conjunto de fatos se torna inteligível em função de uma ideia unificadora que remete as partes a uma perspectiva maior, assim os dados e os elementos de uma teoria se organizam segundo um pensamento mais ou menos central que corresponde a um "entendimento" e portanto a uma interpretação. Cada uma das grandes teorias (ou dos grandes "sistemas") historicamente dadas são montagens interpretativas organizadas dessa forma: assim a de Platão, assim a de Hobbes, a de Rousseau etc. A teoria do matriarcado foi no século XIX uma especial maneira de entender determinadas coisas, como o foi o darwinismo, como o marxismo (este inclusive fundindo a teoria econômica inglesa com moldes hegelianos adaptados a uma intenção específica).

Ao trabalhar sobre problemas genéricos, e nisso se centra a construção de qualquer "teoria", encontra-se o material de ideias – ideias historicamente situadas – escalonado em diferentes planos. Ou seja, as coisas empilhadas nos diversos **pátios**, a que me referi no início, têm diferentes formatos e se relacionam de diferentes modos. O conhecimento dos textos clássicos é sem dúvida essencial, mas além deles há que conhecer o que se disse ou se diz sobre eles; aliás o mais comum é ler-se "sobre" os autores maiores, mesmo os modernos, e depois **chegar-se** ao contato direto com eles. Leem-se histórias do pensamento político, com exposições sobre os socialistas, depois se tenta o acesso às obras de Proudhon ou Fourier. Às vezes a sensação que se tem é a de um **recuo** (um recuo às "fontes"), quando se passa do que Jaeger diz de Platão à leitura dos próprios diálogos do filósofo; o recuo pode ser também a leitura dos antigos após os modernos, coisa que o entendimento didático poderá figurar como uma busca das "raízes" – e é realmente isso mesmo.

O problema consiste aí, como em outras áreas, em uma busca de constantes. Mas também é uma busca de diferenças, pois a compreensão histórica das coisas sempre comporta um jogo de semelhanças e diferenças. Às vezes pode surgir a pergunta sobre o que fazer com certas informações. Finlay, em seu livro sobre a política no mundo antigo, nos ensina várias coisas sobre a criatividade dos antigos no campo legislativo e no eleitoral; mas ao mesmo tempo sabemos que o **mundo** antigo era outro, e a informação acaba ficando a meio entre a referência erudita e a sugestão condicionada.

Os antigos: sempre a alusão a eles, e pessoalmente considero-a muito importante. Há, porém, certos autores – inclusive de língua inglesa, e contra o olímpico empenho acadêmico dos alemães do tempo de Mommsen – que a propósito de instituições antigas, ou de hábitos e ideias, colocam problemas atuais, como se houvesse plena identidade de circunstâncias. É o caso de Crane Brinton em seu *Homens e Ideias*, e o de Finlay no citado **A Política no mundo antigo**. Na verdade a colocação de problemas do tempo do historiador é cabível, mas com outro caminho, passando devidamente pela alusão ao plano do **humano** e das "ideias gerais". Talvez seja por isto: tal caminho e tal alusão correspondem a uma visão muito genérica das coisas, que os ingleses não têm, e não a têm por não possuírem espírito metafísico e serem infensos ao hegelianismo.

Busca de constantes: aí se coloca a necessidade de testar a própria noção de **política** por meio do contato com conceitos gerais como poder, autoridade, conflito, legitimidade. Ou então a clássica noção de "bem comum" de fonte aristotélica e veiculada pelo neotomismo. Ou ainda, já que não só de lutas vive a política, a ideia de **concórdia**, que na cultura romana teria algo a ver com a **prudência**, e que teve presença explícita na obra de Cícero (Felix Lamas publicou sobre o tema, em Buenos Aires, 1975, um livro convencional e tradicionalista, mas afinal interessante). Concórdia e discórdia seriam realmente pontos de referência para a descrição de vários tipos de situação política, inclusive em termos de atuação partidária e militância ideológica.

Subsídios: literatura e psicologia

Mencionei os clássicos. Aliás sempre os menciono: são exemplares, são paradigmas etc. E neles, além de outras coisas, está o modelo do que quer que se pretenda ter como racionalismo e como formulação didática, já no extremado caso de Platão, já nos sóbrios equilíbrios de Aristóteles. Mas vemos também, no pensamento grego, um racionalismo sempre ligado à persistência do mito. O mito permaneceu nele como fonte de exemplos e como contraponto ao que poderia ser, no racionalismo, uma tendência excessiva (ou seja, uma tendência a reduzir a razão a "método"). Termos e temas provindos do acervo mitológico e poético permaneceram nos debates filosóficos estabelecidos a partir do século VI a.C.

Os clássicos **ficam** como pontos de referência. A frase é óbvia, mas quero dizer que tais "pontos" são sempre reinterpretáveis, e sempre está em aberto o tema da correlação entre eles. Em Maquiavel as correlações são frequentes. Nos autores contemporâneos sempre se encontra a ligação entre Bodin e Hobbes – tão díspares contudo –, entre Hegel e Marx (igualmente díspares), entre Rousseau e Hegel: ligação esta mais incomum e feita de passagem, pelo hoje injustamente pouco citado Harold Laski. Uma correlação muito relevante e nem sempre percebida é a que cabe ser feita entre Platão e Rousseau, que Eugênio Imaz compara a propósito de dois enfoques especialíssimos – a relação entre o político e o trágico, e a distinção entre comunidade e sociedade (***Topía y Utopía***, México, 1946, pp. 35 e 70).

A vinculação entre política e literatura se acha na já citada presença de frases de Homero nos filósofos gregos, acha-se nos próprios trágicos e nos historiadores (tomando-se a historiografia grega como um gênero literário). Presença de temas políticos em Shakespeare, como em geral nos grandes autores do Renascimento e do Barroco. Dante poeta e pensador político. Prefácios políticos em Victor Hugo. Antes, dimensão literária nos homens da Revolução Francesa. Literatura e revolução. Nacionalismos e messianismos dentro da literatura ou expressados como literatura. Importância da "conscientização" latino-americana através de sua literatura (remeto inclusive ao ensaio de Alejo Carpentier).

* * *

Sempre é importante (ou interessante) inserir algumas alusões à psicanálise. Elas foram em parte responsáveis pelo êxito de Foucault e outros de sua geração como filósofos; elas permitem ao leitor acompanhar ou imaginar conexões com biografias e épocas, com certos conceitos básicos, com alternativas ideológicas. Além disso, os motivos psicanalíticos – ou amplamente "psicológicos" – propiciam o uso de componentes estéticos: análise de obras de arte ou de comportamentos e gestos famosos, cenas e cores de Viena no tempo de Freud, figuras como Lou-Andreas Salomé em possível correlação com o Império Austro-Húngaro.

Realmente o contato com o material literário revela muito do lado existencial e humano que existe na elaboração e na aceitação de teorias políticas, como de **teorias** em geral.

Vale transcrever este lúcido parágrafo de Pierre Bourdieu em seu livro sobre a ontologia política de Heidegger:

> *Os historiadores da filosofia esquecem muitas vezes que as grandes opções filosóficas que balizam o espaço dos possíveis, neokantismo, neotomismo, fenomenologia etc., se apresentam sob a forma sensível de pessoas temerosas nas suas maneiras de ser, de se posicionar, de falar, sua cabeleira branca e seu ar olímpico, e em associação com as disposições éticas e escolhas políticas que lhes dão uma fisionomia concreta. (Ed. Papirus, p.71).*

Preservações e destruições

Com o passar dos tempos constituem-se "tradições" culturais, que são a relativa continuidade de formas, temas ou tendências. Dentro delas sobrevivem doutrinas, nomes e obras, que se modificam ou se congregam ao passar de um contexto a outro. A cultura política, evidentemente, inclui também tradições desse tipo, e assim temos o platonismo tantas vezes ressurgente – inclusive dentro do gênero chamado "utopia" –, temos a teoria da razão-de-Estado, temos o socialismo e o conservadorismo com suas variantes. Dentro das tradições, que com frequência se fragmentam, preservam-se ideias básicas e igualmente componentes secundários, quer em função de fidelidades ideológicas quer em função da permanência de interesses acadêmicos. Mas há também partes que se perdem ou que se destroem, como se caíssem da moda ou perdessem o interesse: assim o tema do contrato social (que saiu de pauta mais ou menos a partir do romantismo), assim o debate sobre os poderes espiritual e temporal, que ocupou boa parte da Idade Média. Algo como a troca ou o abandono de planos, no "Palácio" a ser construído a partir das fotos.

O debate sobre teorias **outras** (e anteriores) corresponde, de certo modo, àquilo que se chamava de *pars destruens*. A *pars construens* – com frequência menos interessante – é representada pelas ideias que compõem "sistematicamente" a teoria. Existe em toda teoria aquilo que chamei uma vez "estratégia de persuasão", com uma linguagem própria ou ao menos um elenco de metáforas centrais. A parte polêmica em cada teoria pode centrar-se em sua referência às outras ou na arquitetura de conceitos que se elabora como espaço doutrinário próprio.

Falei acima em conservadorismo. O **conservadorismo** se compreende dentro de alguma das polaridades ou polarizações que habitualmente se encontram dentro do pensamento social. Polarizações que aparecem na cultura antiga e na medieval, mas que parecem tomar aspecto mais nítido com os modernos, sobretudo com os indicativos "direita" e "esquerda" a partir da Revolução Francesa, e da opção entre estatismo e liberalismo, complicada com as opções socialistas e com o próprio conservadorismo, entendido de início como o "oposto" do liberalismo ou como avesso à revolução. Na verdade o conservadorismo pode apresentar nuances e graus, havendo uma atitude conservadora genérica e outra específica – relativa a determinadas coisas –, esta ligada a um conservadorismo pessoal que pode aparecer em figuras revolucionárias dentro de **momentos** peculiares: em Robespierre, de certo modo. A atitude conservadora pode, por outro lado, relacionar-se com o "apego" a coisas, inclusive coisas passadas (Mannheim distinguiu entre esse apego, que seria tradicionalismo, e o conservadorismo propriamente dito), e como contrapartida temos o desapego a elas: a tendência a não conservar nada, própria aliás das sociedades subdesenvolvidas, em geral supervalorizadoras do "novo" e sem consciência cultural suficiente para a compreensão do "antigo".

* * *

Ciência, relativismo, sentido histórico

O racionalismo, com seus excessos, tem o que ver historicamente com o modo dominante de pensar da cultura ocidental. Ele parece algo universal à medida que os modos de ser do Ocidente se vêm expandindo: colonialismo, imperialismo, "civilização planetária". Entretanto as variáveis regionais e nacionais existem (um pouco contra à imagem do "declínio das nações", objeto de um ensaio meu), e existem épocas em que os nacionalismos eclodem. Nacionalismos, revoluções, radicalismos, a tudo isso se opõe o relativismo, um fenômeno ligado ao longo processo chamado secularização cultural. Nesse processo entra o racionalismo, que se converte em cientificismo e prepara a tecnocracia, mas em troca abre o caminho ao criticismo e aos relativismos, instalando nesses caminhos díspares as perplexidades do homem de hoje. Daí (vale a pena anotar) a importância da antropologia filosófica dentro de épocas como a nossa, nas quais o humano se põe à prova – o humano com suas constantes, seus extremos, suas contradições. Uma teoria política deve construir-se fora dos modelos físico-matemáticos e dentro dos criticismos viáveis, dentro do humanismo mais flexível e mais tolerante.

Sob certo aspecto pode-se dizer que todo o pensamento político – a partir das principais fontes gregas – vem constituindo uma vasta e movimentada discussão sobre as **formas de governo**: uma interminável discussão ocupando libelos e panfletos, tratados universitários e pronunciamentos políticos. E nos séculos mais recentes, o debate sobre formas de governo vem sendo um largo debate sobre a democracia, com sua conceituação sempre difícil e sua concretização (ao menos pretendida) nos *ismos* que agitam o espírito contemporâneo. Na complexa esteira dessa discussão, entra o problema dos valores políticos e sua relação com as estruturas sociais, e nesse problema se inclui o da igualdade e da desigualdade. A questão das elites se insere aí, uma questão hoje deformada por mal-entendidos e preconceitos.

O grande equívoco a conjurar é a ideia, entre tendenciosa e ingênua, de que a história acabou, a política acabou, acabou-se a "ideologia". Esse seria o desejo dos grandes dominadores, ou seria essa a impressão de quem vive em grandes escritórios internacionais do "primeiro mundo". Para os povos do terceiro mundo a história segue existindo, e para os do primeiro e do segundo também: política e opiniões políticas existirão enquanto o homem existir, ao menos enquanto ele não emigrar para outro planeta ou não retornar à vida nas cavernas.

Recife, nov. 1991

Polis-diálogo
*Sobre os arquétipos clássicos da política e
de seus problemas centrais*

Ágora, política, diálogo

A associação entre a imagem da **ágora** ateniense e o conceito de diálogo é de certo modo uma elaboração da historiografia. Algo como a instauração da figura de Atenas como "a cidade" por excelência, tema desenvolvido por Nicole Loraux em seu original e monumental estudo sobre a "invenção" de Atenas[1].

Se for verdade que, em termos culturais, Grécia e Roma antigas formaram uma unidade (isso foi intuído por Fustel de Coulanges e percebido por Spengler, Toynbee e outros), a figura histórica do **fórum** romano sempre foi mais ou menos distinta da **ágora** grega. O Ocidente, a partir da Idade Média, com a formação de um grupo de imagens concernentes ao "mundo antigo", recebeu e conservou a representação do espaço interno da *polis* como uma coisa específica: espaço do debate e do diálogo, da democracia e dos valores democráticos. Certos historiadores contemporâneos, inclusive de nossos dias, mencionam o "homem grego" (aliás uma abstração conceitual) como impelido por um dinamismo peculiar em conexão com interesses e ideias alimentados pela *polis*[2]. A referência é questionável, mas corresponde a uma constante historiográfica.

Ágora, uma espécie de praça em Atenas onde se concentrava a vida econômica e social[3], permaneceu como um sinônimo de **espaço público**: um espaço propiciador de certos traços que se consideram peculiares ao que se chamava no século XIX "o gênio grego". A noção de espaço público, ligada à imagem da **ágora**, ligou-se também à figura da própria *polis*, que segundo determinados autores teria sido construída como um espaço político específico[4]. Com o tempo a historiografia política associou à **ágora** e à *polis* grega a imagem da experiência democrática, a partir de referências dos próprios historiadores gregos, para os quais os povos "sem ágora" eram povos sem liberdade e submetidos à **despotia**[5].

Essas referências clássicas nos conduziriam por certo a uma possível distinção entre política com diálogo e política sem diálogo, que poderia pensar-se em termos tipológicos ou em termos evolutivos. A ideia entretanto é questionável, pois o "diálogo" sempre existe na atividade política: o plano político do viver social corresponde ao das instituições, que configuram como totalidade uma **ordem**, e que sempre implicam uma **hermenêutica**. Talvez se possa pensar em um mínimo de diálogo como presente em toda "ação política", inclusive em correlação com certas projeções hermenêuticas que são atribuídas ao poder[6]. O que se teria, no caso, seriam graus: política com mais, ou com menos diálogo. E esses **graus**, que não deixam de permitir a alusão a **tipos**, permitem que se mencionem "modelos" políticos caracterizados pelo menos em parte por componentes de "representação" e "linguagem"[7].

Os arquétipos clássicos

Talvez o pensamento ocidental não tenha sido apenas, como seria na frase de Whitehead, uma longa *foot-note* acrescentada à obra de Platão. Mas é inegável que há mais de dois milênios se repensam e se reestimam os textos e as ideias dos pensadores "antigos", voltando-se a eles a cada passo. Na *polis* grega teria havido de certo modo a passagem do etnocentrismo inicial (e próprio de todos os povos em seus primórdios) a um convívio mais "flexível", em um sentido comparável ao aparecimento de um *jus gentium* em Roma, um direito "das gentes", quando a convivência do *quirites* com homens de outras nações relativizou o exclusivismo jurídico inicial[8].

O arquétipo "Atenas", identificado com a própria ideia de "cidade" segundo a citada Nicole Loraux, corresponde ao conceito de *polis* com seus conteúdos peculiares: o político, o econômico, o religioso, o pedagógico. O arquétipo "Esparta" sempre foi referência complementar e suporte comparativo. Já o caso de "Roma" se apresenta a um tempo mais complexo e menos substancial. Roma também aparece como a cidade por excelência, mas em ponto grande, macrópolis em sentido estrutural, com outro tanto de mutações e conceituações políticas e com um peculiar paralelo entre arquitetura e retórica[9].

Arquétipos e politicidade

Na verdade o conceito "amplo" da política, que vai enraizar na imagem da *polis* grega como conjunto orgânico,

99

se completa com a figura latina da cidade (inclusive na linguagem agostiniana), cujos contornos e cujos componentes enriquecem aquele conceito: componentes como *iura, iustitia, cives, ordo* etc.[10]. Com a recuperação, obviamente por via histórica, da noção ampla de política, coloca-se sobre viáveis fundamentos o dualismo ordem-hermenêutica, um de cujos correlatos (o binômio arquitetura-retórica) foi mencionado pouco acima.

A dimensão institucional do viver, constituída por estruturas de poder e sistemas normativos, é correlata da organização do espaço público, no qual se situam os **valores** sociais vigentes. Tais valores legitimam aquelas estruturas e informam aqueles sistemas. Por outro lado, a dimensão institucional se relaciona com formas da linguagem, instrumento do trabalho interpretativo que coexiste com o poder e com as normas[11]. Por conta disso deve-se considerar a política e o direito como órbitas onde se encontram, embora em planos diferentes, o componente hermenêutico.

Certos pensadores têm afirmado que a história como tal é um produto da vida urbana. E daí o relevo adquirido, no pensamento ocidental – um pensamento essencialmente historizante –, pelo arquétipo da *polis*, a configuração clássica (isto é, exemplar) do fenômeno urbano. O sociólogo espanhol Carlos Moya, em seu importante livro sobre o *logos* da cidade, estudou de modo notavelmente sugestivo as relações entre as estruturas urbanas e a evolução do pensamento social[12]. Por sua vez Jean-Marc Trigeaud, em ensaio sobre Roma e Jerusalém, aludiu ao caráter muito antigo do tema da cidade "perfeita", ordenada e justa, oposta à cidade iníqua, desorganizada e impura. O tema aparece na filosofia social grega, na Bíblia e na também literatura latina. Nesta, as referências de Virgílio à grandeza universal de Roma[13].

Para Werner Jaeger, o surgimento da **polis** ateniense teria significado a reunião do conceito de cultura com a imagem do Estado. E a democracia, ao nascer, teria tido na oratória um elo de continuidade em relação à própria aristocracia[14]. O sentido do termo *polis* corresponderia ao "conjunto pletórico de vida da existência coletiva e (ao mesmo tempo) a existência individual situada naquela". Em ambas as formas de existência estaria o problema das "virtudes políticas"[15]. A referência à oratória, feita linhas acima, nos recorda a alusão, ocorrida mais atrás, à conexão entre arquitetura e retórica no caso romano. E com isso podemos também evocar o velho mito do orador: o orador criador-de--civilização, isto é, a palavra como educadora primordial. Aqui se redimensiona a imagem da **política**, que não é apenas o exercício do poder, mas também interpretação e alegação verbal, e que se relaciona necessariamente com o direito: a ideia de civilização, na Roma clássica, teria sido uma combinação da ideia de cidade com a ideia de direito[16].

Política, politicidade

Tomamos aqui o "político" num sentido amplo, justamente o que decorre de sua radicação em *polis* (ou ainda em *polites*, o cidadão). A *polis* terá sido a organização da comunidade em forma institucional: e é o termo "instituição" que, correspondendo a um dos aspectos daquele sentido amplo de política, nos pode ser útil neste passo. As instituições como ordens estruturadas no plano da organização **real** da sociedade, formando em conjunto a dimensão objetiva do social.

Por outro lado pode-se encontrar na *polis* um aspecto normativo. Esse aspecto foi destacado por Jaeger, para o qual a referência às "virtudes políticas" (que vinha de Sócrates e de Ésquilo) teria representado um cânone, um modelo regulador para o ideal de conduta do homem grego[17].

Se trouxermos os conceitos para um plano mais genérico, abrangendo imagens clássicas e experiências modernas, encontraremos na institucionalidade da política uma dimensão onde ocorrem – já o vimos acima – poder e valores, normatividade e interpretação. Desse modo parece válido situar a politicidade, enquanto conceito ligado ao de institucionalidade, como esfera onde ocorrem o **Estado** e o **Direito**: a ordem do poder que não se entende sem valores nem normas, e a ordem das normas que só se entende com o poder e os valores. O direito se estrutura como garantia dos próprios processos sociais em sua dimensão de liberdade. Ou seja, dos processos da vida econômica e da família, da vida "política" (em sentido restrito) e das relações em geral enquanto correspondem a condutas pessoais caracterizadas.

Política, técnica, teoria

Certos autores se referem à ocorrência, no pensamento grego, de expressões referentes a técnicas e à atitude do "sábio" a seu respeito. Assim Richard Bordeüs, citando o coro em dada passagem da **Antígona**, menciona a ideia, que segundo ele seria própria dos "antigos", de que a grandeza do homem corresponde à multiplicação das técnicas. A sabedoria política e a sabedoria teorética teriam crescido em relação com esse dado[18].

Política e filosofia nos aparecem historicamente como obra da vida **urbana** no mundo "antigo", (embora caibam ressalvas a respeito)[19]. *Polis, polites, sofia*, junto com *teknè*, a arte como técnica, a técnica como fazer. Já Nietzsche advertira, desde seus jovens anos de filólogo, que o "saber" para os gregos sempre tivera o que ver com a prática.

Dessas referências à experiência grega, podemos retirar imagens que se tornaram constantes: assim, a imagem das relações entre ordem e razão, razão e verdade, direito e verdade: as relações no caso grego são instáveis[20], mas o tema continua a tentar os espíritos. Do mesmo modo nos tenta o tema da posição do "intelectual" diante do poder, o intelectual com sua nostalgia do poder. Nostalgia de qual poder? Possivelmente o poder que possuiu em alguma época, e com base nessa hipótese podemos reportar-nos aos tempos iniciais, em que o intelectual era o sacerdote (ou talvez o escriba). Nas teocracias, em determinadas civilizações, o saber era privilégio dos homens do templo, e o poder era partilhado por eles. O saber e o poder eram funções ligadas ao culto: havia reis-sacerdotes e havia livros sagrados cujo conhecimento significava poder.

Ainda sobre tecnologia e poder: o mundo moderno como mundo da técnica, o racionalismo moderno como cientificismo, e a política como esfera ligada à técnica. Propensão do positivismo a entender a política como algo que deve ser organizado pela ciência (*savoir pour pourvoir*)[21].

Alusão às estruturas culturais

Com frequência a reflexão feita sobre o material histórico encalha na questão de saber se o homem faz a história ou vice-versa: na verdade um pseudoproblema. As estruturas culturais, com seus valores, suas conexões e seus significados, moldam o "humano", com seus comportamentos e sua linguagem; mas é óbvio que o "ser" humano, com sua linguagem e seus comportamentos, molda as estruturas culturais. O homem é um fazer-se, como alguns já disseram, mas é difícil estabelecer os **dados** sobre (ou com) os quais ocorre esse fazer-se, e também estabelecer como se dão esses dados: se estão na "natureza humana" ou se são obra do próprio fazer-se. A ideia de valores com caráter meta-histórico é evidentemente uma ideia humana, são os homens que atribuem aos valores sua historicidade ou sua metatemporalidade.

É de fato uma posição hermenêutica (já que não fundável sobre comprovações "positivas") o pensamento de que há uma **evolução** política e de que esta se opera por conta do **diálogo**, portanto da palavra; ou antes, da relação (dialética?) entre o diálogo e as estruturas culturais, dentro das quais existem as formas políticas. O poder e suas justificações ocorrem, e esse é um ponto a destacar, dentro de um sistema de comportamentos e de linguagens, sistema que afinal é um *ensemble* histórico-cultural. Justificações: o mundo moderno como um mundo onde cada coisa – perdidas as velhas fundamentações religiosas – necessita justificar-se[22]. Um mundo de instabilidades onde se entronizou a ideia de "progresso" (material sobretudo) como norteador de valores; onde as ciências ditas humanas, assumindo o tema das instabilidades, servem ao relativismo e ao pluralismo, duas coisas excelentes que entretanto estão no mesmo *ethos* que o hedonismo e a permissividade. Ao contrário do que muitos dizem, ao falar da extinção da história (!) e das ideologias, as discussões continuam e continuarão, girando sobre formas políticas e sobre a teoria da democracia, com suas dificuldades, que são as mais diversas[23] e que se expressam de alguma forma no plano do diálogo.

NOTAS

(1) – *L'Invention d'Athènes. Histoire de l'oraison funèbre dans la "cité classique"*, Ed. Mouton, Paris, 1981.

(2) – FARRAR, C. FARRAR, *The origins of democratic thinking. The invention of politics in classical Athens*. Cambridge Univ. Press, 1988, pp. 153 e segs.

(3) – American School of Classical Studies at Athens. *The Athenian Agora, 3*. Ed. Atenas, 1976.

(4) – FELIX, L. O. A polis: a construção do espaço urbano-cívico, em FELIX, L. O. e; Goettens, M. B., (orgs.). *Cultura Grega Clássica*. Ed. da Univ. Federal do Rio Grande do Sul, 1989, pp..105 e segs.

(5) – Sobre o confronto entre o espírito grego e a imagem dos persas, especialmente em Heródoto. NESTLE, D. *Eleutheria*, vol. I. *Die Griechen*. Ed. J. C. Mohr, Tubingen, 1967) cap. 4. – Hoje entretanto se levam em conta alusões a práticas "democráticas" na antiga Babilônia: cf: JACOBSEN, T. "Primitive democracy in Ancient Babilonia", em *Journal of near eastern studies*, vol. 2, n. 3, julho 1943, p.159.

(6) – Assim no caso do **imperador** romano, que tinha a condição de intérprete do direito, com um alcance hermenêutico cujos ecos doutrinários chegaram ao medievo. A *iurisdictio*, no caso, incluía em sua própria politicidade um cunho hermenêutico. Cf. CORTESE, E. *La norma giuridica. Spunti teorici nel diritto comune clássico*.Ed. Giuffré, Milão, 1964, "Epílogo", pp.363 e segs.

(7) – Sobre modelos de representação, em sua relação com situações políticas, vale citar as observações de Tzvetan Todorov sobre a diferença de linguagem e de comportamento entre astecas e espanhóis, incluindo diferenças quanto ao sentido dos rituais, das figuras e das concepções sobre igualdade e desigualdade. *La conquista de América. La cuestión del outro*.

Trad. esp., Ed. Siglo XXI, México, 1987, princ. pp.167 e segs.). Todorov inclusive distingue entre a semiótica da política hierárquica e a semiótica da política democrática (p.130).

(8) – Cf. trabalho de SOUZA, M. A. P. de, no volume *Cultura Grega Clássica*, op. cit., em que surge entre outras coisas a ideia do bárbaro como "invenção" grega, particularmente ateniense, especialmente de Heródoto. Creio que começa a abusar-se do termo "invenção", como se abusou de "o discurso".

(9) – BEHRENDS, O. anotou a correlação entre a definição de arquitetura em Vitrúvio e a de retórica em Cícero: cf. seu artigo Anthropologie juridique de la jurisprudence classique romaine, em *Revue historique de droit français et étranger,* n. 3, jul-set. 1990, nota 13. Vale anotar que foi do conceito romano de *civitas* que derivou a acepção ideal de "cidade" no sentido de Agostinho, de Campanella e outros (três cidades ou **duas** cidades conforme o ângulo do teorizador: o utópico, o revolucionário, o sociológico). BORDES, J. registrou que a complexidade do conteúdo da noção de *polis* fez resultarem, no latim, duas versões para a palavra: *respública* e *civitas*, cada uma referente a um sentido. *Politeia – dans la pensée grecque jusqu'à Aristote.* Ed. Belles-Lettres, Paris, 1982, p. 14. Sobre *civitas* v. ainda NICOLET, C. *Le métier de citoyen dans la Rome républicaine,* 2.ed. Gallimard, NRF, Paris, 1976, cap. I.

(10) – Cf. NICOLET, C. *Le métier de citoyen*, cit., cap. I; CATALANO, P. *Populus romanus quirites*. Ed. Giappichelli, Turim, 1974.

(11) – Assinale-se, entretanto, a necessidade de se evitar a mistificação (substancialização?) da linguagem, e as extravagâncias que por vezes se constroem a seu respeito, como faz por exemplo Derrida (ou mesmo o sempre tão lúcido Otávio Paz em seu extravagante ensaio *El mono gramático*).

(12) – Destaco, a propósito do presente assunto, a referência ao público grego, um "público político-religioso constuyendo

racionalmente el ordem legal que mantiene em sus limites la *polis*, desde la sacralidad ctónica de las fronteras" (*De la ciudad y de su razón*. Ed. Cupsa, Madrid, 1977, p.69).

(13) – *Persona, ou, la justice au double visage*. Studio Editoriale di Cultura, Genova 1990, Cap. V, item 16 (Rome et Jérusalem, le mythe des deux cités), pp.226 e segs.

(14) – JAEGER, W. *Paideia, los ideales de la cultura griega*. Trad. J. Xirau e W. Roces. 2.ed. FCE, México 1957, Livro II, cap. III, pp.263 e segs. Sobre os "antigos", e sobre Platão, é tempo de se porem de lado as confusões e os equívocos de Popper, que confunde o autoritarismo da "República" com o caráter do próprio platonismo, rotulando a este de "historicismo". Ottmar Ballweg, em artigo publicado na *Rev. Brasileira de Filosofia* (fasc. 163, vol. XXXIX, set. 1991) adere sem mais e sem cautelas críticas aos furores popperianos.

(15) – *Paideia*, cit., p.441. Cf. também pp.451 e segs.

(16) – BEHRENDS, O. *Antropologie juridique* (art. citado), p. 346. Neste mesmo artigo, pp.346 e segs., a alusão à figura mítica do orador-criador-de-civilização, ou seja, à linguagem como expressão da "diferença específica" do homem e como criadora do saber concernente à vida civil. Sobre o mito do herói-poeta civilizador, v. ainda DRESDEN, S. *O Humanismo no Renascimento*. Trad. D. Gonçalves. Ed. Inova, Porto, s.d., pp.46 e segs.; em sentido análogo, ELIADE, M. *Ferreiros e Alquimistas*. Ed. Zahar, Rio de Janeiro, 1979, pp. 25, 45 e 77.

(17) – *Paideia*, cit., pp. 441, 451 e passim. O problema, em certos autores, se remete à frase de Heráclito sobre a defesa do *nomos* como comparável à dos muros; isto é, a afirmação da justiça como afirmação da cidade (em sentido semelhante o trecho de TRIGEAUD, J.M. em artigo na *Rev. Brasileira de Filosofia* – vol. XXXIX, fasc. 159, set. 1990, 215p.).

(18) – BORDEÜS, R. Raison et technique. In: *La naissance de la Raison en Grèce*. PUF, Paris, 1990, p.130.

(19) – Sobre a diferença entre o ideal e a realidade no tocante à "cidade democrática", v. BRAGUE, R. Le récit du commencement. Une aporie de la raison Grecque. In: *La Naissance de la Raison en Grèce*, op. cit., princ. p. 30.

(20) – Entre outras coisas cf. BRANCACCI, A. Le vrai et le droit: la notion d'orthon chez Melissos. In: *La Naissance de la Raison*, cit., pp.197 e segs.

(21) – Sobre as relações entre experiência técnica e teoria política no Ocidente moderna, cf. o relevante estudo de LOSANO, M. *Il fondamento tecnológico della democrazia. Studio preparatório per uma ricerca*. Edição xerografada, Milão, 1990.

(22) – Hegel notou esse aspecto, assinalando que o "princípio do mundo moderno" exige que aquilo que cada qual reconhece, se exprima como algo que se justifique. O trecho se acha no final do § 317 *dos Lineamentos de Filosofia do Direito (Grundlinien der Philosophie des Rechts*. Ed. Reclam, Stuttgart, 1976, p.473). Sobre o assunto BAHR, H. W. Filosofia, comunicación pública y responsabilidad en la sociedad. In: *Universitas*. Stuttgart, vol. XXIX, n. 1-2, 1991, p. 33.

(23) – Nas últimas décadas alguns autores têm tratado das relações entre o "discurso" (!) democrático e a ética da comunicação. Sobre o assunto há algumas páginas em RÖHRICH, W. *Eliten und das Ethos der Demokratie*. Munique, Ed. C. Beck, 1991, Cap. 7, pp.118 e segs.

(Publicado na *Revista Brasileira de Estudos Políticos*, Belo Horizonte, 1992)

História, revolução e utopia

A noção de história e sua disponibilidade

De todas as noções genéricas se tem abusado, e dentre elas a de "história" tem sofrido abusos especiais. O mesmo se passa com ideias como as de "homem", "cultura", "sociedade" e tantas outras, e ao registrar o fato devemos reconhecer que as coisas não poderiam ser muito diferentes: trata-se de noções cujo alcance convida ao uso indiscriminado, e que se tornam ambíguas por força de serem empregadas em sentidos os mais diversos.

"Homem", "cultura", "sociedade" e outros são conceitos que, embora tendo um núcleo mais ou menos reconhecível, passaram por vários contextos e por vários reentendimentos. Com isso adquiriram uma riqueza crescente que provém das diferentes perspectivas e das referências com que são tratados. A tentativa fenomenológica de afastar as referências não essenciais, e centrar o entendimento de cada conceito (como objeto) em uma determinada acepção, terminou figurando historicamente como um esforço metodológico a mais, através do qual a torrente de discussões continuou enriquecendo tais noções e mantendo suas ambiguidades.

O conceito de **cultura**, que somente na passagem do século XIX para o XX se integrou no vocabulário (e na temática) do pensamento filosófico, vem sendo ponto de referência para um dos modos de entender a **história**: junto à alusão a fatores e a elementos do processo histórico, ou para além deles – senão mesmo em nível mais "profundo" – se menciona o plano cultural como um dado fundamental para a compreensão do processo. Obviamente a alusão à cultura se dificultaria se se atendesse, a cada passo, às ambiguidades que ela apresenta como conceito, mas não é o caso de nos demorarmos aqui sobre isso. Bastaria anotar que em princípio o uso da perspectiva "cultural" difere dos enfoques anteriores, e difere também daquela do materialismo histórico, ao transcender certos determinismos de padrão positivista[1], O apego excessivo aos determinismos, sobretudo o econômico, tem reduzido todos os problemas históricos – inclusive os de hermenêutica do processo histórico – a meros epifenômenos de situações-de-classe, e com isso se tem aberto a porta ao uso excessivo da noção de **ideologia**. À medida, porém, que a noção de ideologia conota a alusão a classes sociais, poder-se-á dizer que ela se distingue da referência ao padrão cultural, que não envolve **dependência** em relação à estratificação social e que se compreende em nível específico.

* * *

A teorização referente à história, em alguns casos esbarrando nas ambiguidades do termo e em outros superando-as, tem evoluído no Ocidente por meio de um duplo processo: o da epistemologia racionalista e o da "consciência histórica". O racionalismo iluminista desdobrando-se nas ciências **sociais** e caracterizando o curso da "história" mediante procedimentos conceituais; a consciência histórica, ou melhor, consciência do histórico, como processo tardio (Ortega aludiu a isso em *História como Sistema*), distinguindo o plano peculiar dos fatos **históricos** como algo irredutível. Dir-se-ia, simplificadamente, que um caminho veio de Descartes e outro de Vico[2]. O pensamento histórico, distinto do "sistemático" em sentido fundamental, faz-se entretanto sistema, quer sob o modelo hegeliano de "filosofia da história" quer com a inclusão, em seu temário, de uma crítica das próprias bases. Tem sido peculiar ao Ocidente contemporâneo a especial junção entre história e sistema, que chega ao apogeu no século XX e aí entra em crise.

A conjugação entre as ideias de história e sistema corresponde, na verdade, a um resultado do vasto movimento de secularização ou laicização da cultura, que ao entronizar a razão estava mais contraditando a teologia (e o **modo** teológico de pensar) do que a história e o modo histórico de pensar – este, de resto, ainda em formação quando da instauração do movimento. Ao converter a razão em molde essencial do conhecimento, o pensamento secularizado veio, por outro lado, tomando consciência de si próprio, e disso é correlato o reconhecimento do curso histórico em que se situa. Os autores falam dos "antigos" (sobretudo a partir da obra de Cellarius, *Historia Antiqua*), a "querela" dos antigos e dos modernos força os contornos, as alusões a obras dos séculos anteriores passam a ser feitas com maior consciência das **distâncias**, o que foi possibilitado pela filologia humanística e pós-humanística. O crescimento das ciências sociais, durante o século XIX sempre acompanhado de revisões epistemológicas (classificações de ciências), levaria a cabo a trajetória secularizadora repudiando não só o viés teológico mas também o metafísico, como programado no esquema de Comte, expressador de um mal-entendido e ao mesmo tempo de uma aguda percepção. Por seu turno, o entendimento historicista das coisas crescia discreto por dentro dos positivismos, como cresceu por dentro da obra de Dilthey, permitindo a junção do prisma histórico com a hermenêutica: isso vinha esboçando-se desde os românticos e desembocaria na filosofia hermenêutica do século XX[3].

Se se pode dizer que o ponto de vista revolucionário radical, com sua linearidade e suas excludências maniqueístas, representa o racionalismo com insuficiente consciência histórica, então o ponto de vista conservador (como tipo) representa a consciência histórica sem suficientes correlatos racionalistas. Nesse caso, talvez valha pensar em uma síntese, que se conclua com uma visão abrangente da história e com princípios racionais amadurecidos. Visão e princípios passados pelo crivo das crises de hoje e pelos reexames que se impõem.

"Conservador" e "revolucionário"

O termo "revolucionário", na verdade, só adquire sentido quando colocado sobre contextos históricos: revolução é algo que ocorre, que sobrevém e que se entende em função de esquemas que se ligam à imagem do processo histórico.

Com frequência se opõe o revolucionário ao "conservador", mas este é um termo que também se compreende somente dentro de uma visão da história. Alterar ou manter, essas duas ideias se enchem de significação se se aplicam a atitudes face a um "curso" que é o do acontecer histórico. Dentro dos ideários do Ocidente moderno-contemporâneo, revolução teve de se distinguir de evolução, e não como simples diferença de grau, mas como contraste entre a alteração drástica, súbita ou violenta e a alteração "relativa", lenta e orgânica. Mas a distinção em face do conceito de evolução não conota o tipo de polaridade que resulta, para a ideia de **revolução**, de seu confronto com a **conservação**, ou antes, com o conservadorismo; até porque este, o conservadorismo, se identifica por vezes (apenas por vezes) com o conceito de "contrarrevolução". Isso ocorreu por exemplo (e foi quando realmente ocorreu) no caso da Revolução Francesa, com a crítica dos adversários franceses – como Rivarol, De Maistre e outros – que estabeleceram uma diretriz doutrinaria contraposta à dos revolucionários. Uma crítica que corria em paralelo à dos críticos de outros países, Burke entre outros, que não eram propriamente contrarrevolucionários.

Novamente temos de mencionar o processo de secularização da cultura e de entender em conexão com ele o ideal do **progresso**, que era quase uma nova versão da teoria da providência divina[4] e que conferiu à visão moderna da história um sentido dinâmico, um traçado irreversível (pretensamente irreversível)[5]. Aquilo que certos autores chamam despectivamente de "filosofia burguesa da história" – entre eles certos marxólogos, inclusive o austero Adorno –, surgiu realmente como um modo de assumir a imagem secularizada do tempo e dos períodos, dando-lhe um sentido de "progressão" racionalmente inteligível. Nem sei se poderia ter surgido uma teoria da história em termos universais e laicizados senão como teoria "burguesa", já que nem a cultura monástica nem a nobreza teriam condição de, na idade Média, montar semelhante esquema. De mais a mais, todo o pensar **filosófico** sobre a história, a partir do iluminismo, será devedor desse esquema e do fundo cultural que lhe corresponde.

Retornando, porém, aos conceitos de revolução e de conservação, parece-nos que toda revolução consiste essencialmente em uma **inversão de perspectiva**. Escrevemos algo sobre isso há muito tempo. Inverte-se a perspectiva em uma revolução estética. No caso da política a coisa aparece mais, choca mais, porque envolve mudança **violenta**. Por outro lado, "conservador" é noção bastante ambígua: corresponde-se com a de "tradicional", mas não é exatamente a mesma coisa, e também se distingue do reacionário. O reacionário milita e radicaliza, o conservador contemporiza (justo por ser historizante e relativista); o reacionário é em potencial golpista, portanto será **formalmente** próximo do revolucionário, tão anti-histórico quanto ele. Na verdade todos esses termos são **tipos**, são generalizações.

* * *

No iluminismo, período ou movimento que no Ocidente dos séculos XVII – XIX, principalmente o XVIII, repete em parte o século V a.C. da Grécia, ocorrem diversas "aberturas"; a social, a política, a intelectual. Nesta, a ideia de que o saber é um processo necessário (***sapere aude***, proclamou Kant) e público: para todos. Cabe lembrar, como atitude à qual isso se opunha, as cautelas de Jurieu, que recomendava que se escondesse do povo o conhecimento de seus próprios poderes, para que persistissem certos mistérios – só quebráveis em casos extremos[6].

Transições e negações

A imprecisão destes conceitos que vêm sendo mencionados provém, certamente, de corresponderem a situações históricas, pelo que necessitam de referências históricas para adquirirem (ou revelarem) em plenitude seu sentido. Tocamos nisso logo no inicio. Há, por outro lado, nuances que dependem do modo pelo qual se empregam os conceitos: polemicamente, ou com a pretendida objetividade dos enfoques acadêmicos. Aludimos acima, inclusive, à diferença entre revolução e evolução, esta valorizada pelo século XIX em face de conotações científicas e aquela entronizada juntamente com valores específicos e toda uma metafísica de **direitos**.

A referência a um processo histórico leva a colocar as imagens em uma relação de sequência. Nesse sentido a revolução aparece como algo que sobrevém, que sucede a uma situação, a um estado de coisas sempre chamado de *ancien régime* em função da exemplaridade do caso francês. As posições e os valores que correspondem a tal situação se consideram "conservadores", inclusive quando ocorrem em momentos posteriores a uma revolução. Ou por outra: conservador e revolucionário deixam de ser imagens históricas e se convertem em tipos, em modelos que se entendem por si mesmos.

Falamos, acima, do processo de laicização ou secularização cultural. É dentro desse processo que se situam as revoluções. Isso parece aplicar-se não somente ao caso ocidental, mas também ao grego, e por extensão poderíamos pensar em todas as revoluções históricas como correlatas de épocas em que o modo teológico de pensar cede vez ao racional, ou, estendendo o esquema, em que um padrão teológico cede vez a outro[7]. A atitude diante da vida social e do tempo histórico se altera e se refaz, mais em certas épocas do que em outras (Saint-Simon falava em épocas orgânicas e épocas críticas). Parece ter sido peculiar ao pensamento ocidental o dar-se conta daquele processo, entendendo-o de modos diferentes: a ideia de uma passagem do padrão teológico ao não teológico (*soi-disant* racional) aparece sob versões distintas em Vico, em Turgot e Condorcet, em Comte, em Weber[8].

Também as utopias podem ser compreendidas historicamente em face do processo de laicização. Há nelas como que um fundo teológico (senão que mitológico) e uma forma racional: no próprio Platão isso seria perceptível. E há em certas utopias um traço de maniqueísmo, que assume forma racional, mas não se coaduna com os relativismos modernos, criadores de tipologias[9].

* * *

Se nas utopias se "congela" o fluxo histórico, recortando-se uma configuração ideal, retirada entretanto de modelos históricos, nas revoluções se nega o mérito da história como tal, ou seja, do histórico como algo positivo: há que cortar o curso da história, moldar um esquema novo, criar uma ordem nova. Isso tem o que ver com as negações e visões da "morte" da história e da filosofia, desde Hegel. Neste, a filosofia teria sua consumação e portanto morreria por falta de objetivo a partir de seu sistema; a história por sua vez se concluiria e consumaria com o mundo germânico. Com Marx, a negação da filosofia – que é um dos sentidos da sempre citada tese número onze sobre Feuerbach – é correlata da negação da história, vista de dois modos: como sucessão de modos de produção dentro de uma linha que leva à ordem socializada e nela se estabiliza, e como reino futuro da liberdade, sem mais lutas e, portanto, sem revoluções. No próprio Comte a negação da filosofia (metafísica) pelo advento do espírito positivo, concluidor da história; e em Nietzsche a recusa de uma verdade "essencial" (diante da vida e de suas realidades), correlata da crítica da história, pela oposição entre história e ação, no ensaio sobre a conveniência e a inconveniência dos estudos históricos.

Aspectos e problemas da utopia

Ao falar em revolução e em utopia, é só sob certo aspecto que separamos os conceitos, pois que dentro de todo processo revolucionário se encontra evidentemente alguma dose de utopia. **Utopia**, como noção inspirada em étimos gregos e veiculada por uma das obras mais famosas do Renascimento, não poderia deixar de ficar como uma das palavras-chave do pensar moderno. Enquanto o conceito de "resistência" e o de "tiranicídio" aguardavam a chegada da ideia da revolução, que os substituiria, a **utopia** de Tomas Morus e de outros escritores renascentistas ou pós-renascentistas (Campanella, Bacon, Harrington) consolidava seu prestígio, provindo basicamente da fonte grega, Platão, e do fascínio dos mares ainda então misteriosos e fantasiáveis[10].

A utopia, além de ser uma imagem insituada, isto é, ausente dos espaços reais, é em princípio a-histórica, subtraída ao fluxo do tempo: quer externa, quer internamente. Não se insere no curso dos tempos, nem em contextos, e não sofre evolução interna. Ela é sempre produto de certo intelectualismo (mais do que de "idealismos"), e de certo modo se revela apolítica no sentido de Carl Schmitt, que, considerando a política como reino da **luta**, considerou o próprio liberalismo como de certo modo apolítico. Isso sem embargo de que, inclusive em face da época em que se produziram as utopias clássicas, o governo nelas é sempre monárquico[11].

Conforme a observação de Frank Manuel, o pensamento utópico na antiguidade teve duas fontes fundamentais: a imagem judaica do **paraíso** e a concepção helênica da **cidade ideal**[12]. Esta última, aliás, desenvolvida como se sabe antes de Platão, por conta da preocupação de urbanistas e arquitetos como Faleas de Calcedônia e Hipódamo de Mileto, citados por Aristóteles. O conceito de cidade, nas utopias, se entende, sobretudo, no sentido de coletividade, sociedade ou comunidade autônoma, tal como veio a ocorrer na obra maior de Santo Agostinho (*De Civitate Dei*) e em outros casos exemplares[13].

A figura da cidade ideal ficou como um arquétipo decisivo para o pensamento ocidental, e muitos o mencionam inclusive ao discutir coisas mais recentes, como o marxismo[14]. Cidade: *polis* helênica, realidade assumida pelo pensamento clássico como referência fundamental – daí a presença de arquitetos e urbanistas da base da reflexão utópica e da prática política. Uma realidade da qual as cogitações dos pensadores não podiam afastar-se, como não se afastou a de Platão: e isso foi nitidamente advertido por Hegel[15].

* * *

Se tomarmos conjuntamente as utopias clássicas (as da antiguidade e as do Ocidente moderno), que descrevem cidades ideais ou paraísos terrestres, e as obras contemporâneas que "satirizam" regimes ou que configuram advertências (Orwell, Huxley, Skinner), o que se pode encontrar de comum entre elas, no sentido de as abrigar a todas em um conceito único? Sem dúvida o apartamento da realidade, o **não** situar-se e serem "ficções", pois em muitos aspectos o alento das descrições antigas se distingue em grande medida das intenções dos contemporâneos. O belo mito da idade de ouro, a *aetas áurea* de Ovídio e de outros, que sob versão distinta estava já nos gregos – em Platão inclusive – reaparece difuso nas crenças medievais e também no Renascimento: nos séculos XVI a XVIII o amor pelos clássicos condicionava a adesão aos temas clássicos. Mas o tom amargo e cético das "utopias" mais recentes (também chamadas antiutopias) revela o desgaste do tema e o desprestigio dos mitos, ficando apenas a insatisfação com o real para manter a correlação com os modelos clássicos. Claro que fica também a semelhança formal, que as vincula ao "gênero" utopia: mas o passar dos tempos trouxe para os contemporâneos, sobretudo os do século XX, uma carga demasiado grande de crítica (e de "distanciamento crítico"), para que continuassem com o mito dos homens de ouro ou outras alusões exemplares.

Revolução e história

A atitude revolucionária "pura" se apresenta como radicalidade. Sua ausência de concessões adquire significado em face de uma crença essencial, um fundo de fé incontornável: ao não fazer concessões, ela não as faz à história, cujo conhecimento leva ao relativismo. O revolucionário puro tem da historia uma visão a-histórica. Por um lado, a história como processo (*res gestae*) se apresenta como uma série de iniquidades, que hão de ser canceladas e compensadas; por outro, a historia como "conhecimento do passado" desvia o espírito do alvo presente-futuro, a colimar. Robespierre chegou a asseverar que a teoria do governo revolucionário não deve ser procurada nos livros de política (que não poderiam prever essa revolução) nem nas leis dos tiranos e sim na própria revolução, tão nova quanto ela[16].

Poder-se-ia, tentando amenizar a imagem, dizer que a atitude revolucionária não é propriamente a-histórica, mas que fica entre a historicidade e a não-historicidade. Dá mais ou menos no mesmo, e com isso se relaciona a ambiguidade das revoluções em face da história e do "passado", inclusive dos "clássicos": o pensamento revolucionário valoriza determinados **exemplos**, seleciona e sublinha determinadas imagens, que servem para a persuasão e a retórica, mas não se situa propriamente **dentro** da experiência passada nem de sua compreensão integral. É o caso de Rousseau, que amava os "antigos" mais como figuras racionais e conceituais do que como verdadeiras entidades históricas; é o caso de Lenine, detendo-se no estudo da "ditadura" romana em função de sua prática pessoal e de seu próprio projeto.

Como não poderia deixar de acontecer, o espírito revolucionário recorta as categorias históricas e sociais em função de um programa, que é uma **práxis** específica. A esta **práxis**, seja no caso dos Gracos em Roma seja nos casos contemporâneos, a visão da estrutura social que convém é a de uma duplicidade de classes: se do ponto de vista da sociologia acadêmica (que muitos dizem apressadamente "burguesa") existem três classes, sendo que a classe média representa a própria sociedade e exprime seus valores centrais, do ponto de vista revolucionário as classes se definem como duas, em um sentido adequado a uma dada visão da dinâmica social. Dir-se-ia que o cunho não sociológico dessa visão seria sinal de sua peculiar historicidade, mas nem tanto: pois ela não se elabora propriamente a partir de dados históricos, senão que os utiliza a estes com base em uma fundamental intenção programática.

Há nisso evidentemente um linear maniqueísmo. O mesmo maniqueísmo que se acha na pergunta sobre se o homem é "bom em si", ou "mau em si". Velha pergunta retomada pelo sempre apaixonado Rousseau, e que reaparece no mundo contemporâneo a partir de certos dogmatismos[17]. A questão referente a ser o **homem** bom ou mau em si significa um julgamento do ser humano (por ele próprio) consoante parâmetros que deveriam talvez ser puramente éticos, e socialmente não comprometidos, o que é impossível. Não se pode dizer do **homem** que seja bom ou mau "em si", pois bom e mau são representações histórico-socialmente condicionadas; são conceitos cuja inteligibilidade se situa em determinados contextos. Justamente isto: condicionamentos e contextos, algo que a atitude **revolucionária pura** tenta evitar, e que de fato levam ao relativismo e à não radicalização. A revolução é sempre um movimento presidido por uma concepção dogmática, isto é, não relativista. A atitude relativista, que admite a variedade de opiniões, leva a aceitar como válidas, porque **humanas**, todas as ocorrências históricas, buscando compreender e situar. Ao inverso, a crença em uma verdade fixa (*veritas una*) leva à intransigência e à inflexibilidade.

Daí encontrarmos nos revolucionários um tom de irretorquível afirmatividade. E também, em certos epígonos de Marx, especiais alusões à verdade, como a alusão de Gramsci à verdade que é revolucionaria e que "liberta". No fundo há aí um equívoco, pois o peso do conceito de verdade não pode depender de sua vinculação ao conceito de revolução. O que se poderá, trazendo a noção de verdade para o plano ideológico, é pensar na existência de uma verdade para o revolucionário e outra para o conservador. Com isso se terá, no caso, um desvio de sentido análogo ao que ocorre quando se passa do conceito geral de valor para as "valorações". E com isso se terá inclusive uma refração **pragmática** imposta ao conceito de verdade: de fato a inclinação pragmática se acha no próprio pensamento contemporâneo, não só nos pragmatistas rotulados e professos, mas também em Marx e em Nietzsche, senão já nos pensadores do século XVIII.

No marxismo, que por sua dimensão revolucionária participa do cunho maniqueísta de que falamos, podemos notar ademais certo sentido teológico. Como causa primeira se tem uma entidade todo-poderosa que é o "modo de produção"; a partir dela têm-se hipóstases estruturais, têm-se diversos dogmas doutrinários, tem-se toda uma hierarquia de fontes textuais, com autores que são "autoridades" e com correntes internas divergentes. Além de tudo há um sentido escatológico: a revolução marxista configura no sentido ortodoxo uma "realização" dos tempos (realização da história) que é ao mesmo tempo realização e final da filosofia. Entretanto esse item se liga ao lado profético do marxismo, a que aludiremos adiante.

* * *

Às vezes se afirma que há nas revoluções um momento negativo e outro positivo, isto é, uma *pars destruens* e uma *pars construens*. Certos autores situam "fases" mais ou menos comuns às revoluções em geral, incluindo-se o terror, a reação, a queda de alguns líderes (a revolução como Saturno devora os filhos, repete-se sempre). Às vezes a cisão entre figuras dentro do movimento revolucionário se revela tão dramática quanto o conflito mesmo entre o movimento e a ordem anterior. Aquelas fases, com os lances consequentes, são fases de uma luta pelo poder, são-no em seu sentido geral e nos detalhes internos. Afinal só o poder organiza, e seria o caso de se dizer que em cada revolução autêntica se repete a **violência das fundações** (ou ao menos de certas fundações), aludindo-se ao tema do papel do **sacrifício** no momento das **origens**[18].

Revolução e utopia

Dissemos acima que as revoluções são de certo modo a-históricas. As utopias também. E assim como as revoluções só se entendem, apesar disso, dentro de contextos históricos, o mesmo ocorre com as utopias. Nas revoluções a imagem da história funciona ambiguamente, fornecendo exemplos persuasivos no sentido do heroísmo, mas apresentando-se como reino da injustiça; no caso das utopias ocorre uma ambiguidade distinta, elas se valem de exemplos e modelos passados mas tentam situar-se fora do tempo histórico, pondo-se em um plano abstrato ou saltando para o futuro. O revolucionário sabe de sua inserção na história, sente o curso dos processos e o pulsar das circunstâncias; só que sua obra pretende sempre assumir uma dimensão de estabilidade tão especial que somente o estancamento do fluxo do tempo o permitiria. Já o utopista (aludimos às utopias clássicas) trabalha com dados e figuras extraídas do historicamente existente, mas outorgando-lhe um novo talhe e colocando-o em um "tempo" peculiar, estranho ao da história comum.

As utopias modernas, as do limiar da história ocidental chamada moderna, surgiram por conta das sugestões trazidas pelas viagens transoceânicas, cujos protagonistas falavam de mundos novos. Havia também, entretanto, a permanência dos mitos relativos a paraísos e a recuperação filológica dos textos clássicos, sobretudo os de Platão, com o modelo de uma *politeia* ideal. Mais: diferentemente do que ocorrera na Idade Média, passou a vigorar no pensamento moderno – o que se nota em Maquiavel como se notará em Hobbes – a ideia de que o Estado não é simplesmente um dado natural ou mesmo algo com origem divina, mas uma criação dos homens, obra do poder e da razão, portanto passível de aperfeiçoamento sistemático por meio de cálculos e projetos. Esse racionalismo, que retomava em parte o dos urbanistas gregos anteriores a Platão, teve relação com o processo de **secularização cultural**, que redefiniu os limites da autoridade do Papa e do Imperador. Teve relação, também, com o novo crescimento da vida urbana desde o fim do medievo – capitalismo, burguesia etc. –, fenômeno realmente ligado aos complicados progressos que ocorreriam com o pensamento moderno[19]. As cisões e as renovações que vieram a enriquecer o espírito ocidental passaram pelas **revoluções** cujo conjunto designamos com o nome ambíguo de "Renascimento", e entre elas se incluem o protestantismo e as origens do contratualismo. O contratualismo, com sua peculiar dimensão racionalista, se vinculou desde logo – dentro do iluminismo – com o liberalismo incipiente e com o jusnaturalismo racionalista da linha de Grotius.

Em cima desse quadro de ingredientes específicos se monta a figura de Rousseau, uma das mais pungentes e mais ambíguas figuras do pensamento moderno/contemporâneo. Ele se parece com Platão em diversos aspectos. Ambos aparecem logo ao fim do período de **ilustração**, ou no meio dele; partem de um ideal racional para um projeto político radical; detestam o poder pessoal e oligárquico, preferindo uma fórmula intelectualizada, senão metafísica ou por assim dizer simbólica: o grupo filosófico dos guardiães em Platão, a vontade geral no pensador genebrino. Em ambos, o plano **público** da vida prima sobre o privado, por conta do linearismo inflexível da programação política. O enorme sentimentalismo de Rousseau, conflitando com seu racionalismo político, cede vez a este; como sua teoria da liberdade, que iria chegar até Kant, cede vez ao totalitarismo latente na *volonté générale*. A linha utópica, presente no ideário ocidental desde Morus, entra na obra de Rousseau decantada pelos apelos do momento histórico, mas permanece até o fim, inclusive na consagração da **lei**. Rousseau assumiu doutrinariamente a tendência ao Direito escrito, já vigente no Estado moderno desde o século XVI e XVII, e seu ideal legalista se coadunou com a orientação racional desse Estado, com os problemas que Max Weber tentaria muito depois elucidar.

* * *

Assim as revoluções englobam um componente utópico: elas se lançam sobre o real com vistas à criação de **outro** real. Com isso se fazem história, e devolvem à experiência histórica o que tiraram dela em termos de exemplaridades e sugestões.

Mesmo naqueles episódios históricos que só por extensão e analogia se denominam "revoluções" (pois o termo designa em sentido restrito os casos modernos), podem-se ver dois planos, cada um dos quais passível de um aproveitamento explicativo: o das causas concretas dos interesses pessoais e dos conflitos econômicos, e o das ideias, que fermentam e atuam, moldando intenções efetivas[20].

Por mais que o componente histórico se ache formalmente ausente das utopias, é inegável que o construtor de ideais utópicos conhece as linhas e os contextos[21]. De certo modo, a utopia aparece como visão ou revisão das conexões entre o antes e o depois na vida dos Estados: o seu grau de duração, como modelo, dependerá de que essa visão não dilua o Estado em mera fantasia, desligando-o do mundo humano, nem o sobrecarregue de tarefas e de responsabilidades. Nas utopias clássicas não se explica ("ou" não se precisa fazê-lo) se houve revoluções para seu advento; por outro lado a estabilidade, ideal implícito na ordem utópica, seu ideal maior em verdade, significa que nelas não cabem revoluções.

Conservadorismo e história

No caso dos termos "conservadorismo" e "história", as relações assumem um sentido em torno do qual existe um certo consenso. Ou seja, é mais ou menos geral pensar-se que o conservadorismo se funda sobre o apego à história, e que a supervalorização do sentimento histórico é correlata de posições conservadoras. Faltaria, porém, questionar o que é conservadorismo, e em que sentido sua **visão** da história é peculiar.

Para o conservador típico, a história possui uma substancialidade: o passar do tempo, a vigência das épocas é algo recheado de razões próprias, persuasivas e alimentadoras. O existir da humanidade, sendo intrinsecamente histórico, consagra as coisas vividas justificando-as com o próprio correr do tempo, e desse modo – quase no sentido da frase de Hegel – a realidade é racional. Além disso o passado, para o conservador, não é somente ruína, loucura e iniquidade: é dignidade, beleza, fundamento do presente e patrimônio do espírito. Nesse ponto se toca em um tema bastante expressivo. O conceito clássico de "humanismo" (e de "humanidades") significava entre outras coisas o gosto pelos estudos sobre coisas humanas, ligado ao amor pelo humano. Por dentro disso o que veio ocorrendo foi a **aceitação** do homem tal como tem historicamente existido, embora filtrado pela seleção acadêmica. A erudição filológica, que segundo Burkhardt estaria fundada sobre o "poder de venerar"[22], significou de certo uma incorporação espiritual do passado (e foi a isso que Nietzsche se referiu ao diagnosticar o perigo da excessiva devoção aos estudos históricos). Incorporação e aceitação da história, a história recebida e compreendida, mais do que *in fieri* e por fazer – esta, a história por fazer, mais própria do revolucionário, e mesmo do reformista. E talvez possamos acrescentar que há no conservadorismo um pequeno mas incontornável dilema: ele aborrece em principio as mudanças – as profundas sobretudo –, mas sabe que se não ocorressem mudanças não existiria a história; não teriam surgido as coisas que vieram formando um patrimônio de **historicidades** – valores, imagens, objetos, problemas.

Isto vai afirmado em termos. A erudição humanística, enriquecida e reorganizada com o iluminismo e com o saber universitário (sobretudo depois do início do século XIX), teve também momentos liberais, como se desdobraria em positivismos e em socialismos depois do *essor* romântico. É válido dizer, porém, que como traço dominante, a onda romântica teve cunho conservador, à medida que seus fundamentos tiveram ligação com a recusa da revolução francesa (e do classicismo francês também), com a recusa da imagem cartesiana e "progressista" do homem pressuposta e promovida pela ilustração e pelo racionalismo de 1789.

Em um livro altamente sugestivo, embora cheio de coisas discutíveis, de Carlos Moya, encontramos uma visão muito brilhante das implicações urbanas do racionalismo moderno, e também das trajetórias desse racionalismo. Inclusive, uma visão da permanência de imagens escatológicas anteriores dentro das formulações contemporâneas[23]. Cabe observar, como breve acréscimo, que o que permanece são dualidades antigas, inclusive aquela, detectada por Gehard Ritter – e convincente apesar de simplificante – entre maquiavelismo e utopismo, atuante desde o Renascimento[24]. Por outro lado pode-se dizer que a consolidação do **Estado** e da **lei** (elementos presentes no esquema rousseauniano) eliminou no limiar da história contemporânea as pretensões do anarquismo, atirando para o plano utópico os ideais de "autogoverno" – grupal e individual – latentes no pensamento ocidental desde os primórdios do liberalismo.

* * *

A redução polêmica de certos conceitos, dentro de uma perspectiva revolucionária – especialmente a de Marx –, relacionou com as classes sociais as formas de teoria e de prática basicamente viáveis. Desse modo a "burguesia" seria classe revolucionária ao "derrubar a nobreza", e o "proletariado" seria classe revolucionária ao derrubar a burguesia.

Convém repensar o esquema. As relações entre nobreza e burguesia não têm o mesmo sentido que as relações entre burguesia e proletariado. Burguesia e proletariado se entendem dentro de um processo histórico (ou de uma época) em que ocorre a secularização da cultura: na "sociedade burguesa" se incluem o individualismo, o capitalismo e também o operariado, que participa dos padrões culturais "modernos", portanto secularizados, e enquanto tal "burgueses". Sobre as imagens referentes à burguesia ocidental moderna, montam-se certos moldes interpretativos, que, vinculados a esta ou aquela intenção política, enfatizam estes ou aqueles aspectos, estas ou aquelas conexões-de-sentido, propiciando estas ou aquelas conclusões doutrinárias.

O espírito revolucionário, que evita e descarta o excessivo debruçamento sobre a história, serve-se da história como fonte de alusões e de exemplos. O espírito conservador, que se identifica com a aceitação dos dados históricos, como coisa "orgânica" que não cabe **cortar**, tem dificuldades em sair de dentro deles para um distanciamento crítico: desatende à força da razão (e de seus "princípios") ou desconfia dela, como de toda abstração. Numa paradoxal conjunção entre o conservadorismo e a força da razão, situaríamos de certo modo Hegel, inclusive com suas ambiguidades teológicas e políticas; e com ele, ou contra ele mas após ele, os *ismos* contemporâneos, onde a teologia se esconde dentro da política e a razão tenta refazer a história.

Conservadorismo e utopia

Desde logo isto: geralmente as utopias representam um estado de coisas que não se modifica. Não se relata o modo como se chegou a ele (referimo-nos às obras clássicas que são narrativas utópicas), nem se inclui, na descrição das estruturas, o componente "mudança social". Nas utopias clássicas, que por assim dizer recomendam o que descrevem, está implícito um *hic optime manebimus,* a mesma imobilidade que se nota no caso da dialética hegeliana, que "para" em certo ponto da história, ou da marxista que faz outro tanto; ou mesmo no caso do ideário liberal do oitocentos, que tomava o modelo da civilização europeia de então como apogeu e destinação dos tempos. Certamente que em cada grande teoria social a figura da história se amolda aos encaixes doutrinários, e em cada grande teoria da história habita um sistema de tendências que influem sobre as imagens utilizadas: assim em Vico e em Montesquieu, assim em Hegel e em Spengler[25].

Entretanto o conservadorismo, ao contrário das utopias, tem um de seus eixos na ideia de mutação histórica. O conservadorismo típico, ligado ao sentimento do histórico, afirma que as sociedades vivem na medida em que se modificam. Encontramos essa concepção em Burke, por exemplo[26]. Ao contrapor-se ao espírito revolucionário, o espírito conservador se distingue do utópico: ele é realista e ama a concretude. Em Hegel o fermento revolucionário, presente na lógica e na dialética – com o papel da contradição –, se separava das latências conservadoras, do sentido histórico e do *pathos* do concreto.

Por outro lado o conservadorismo desconfia do Estado, contra a tendência estatizante das revoluções liberais – referindo-nos aos casos dos séculos XVIII e XIX. O conservadorismo confia mais no que está "dentro" da sociedade. Toda uma teoria da sociedade e das sociedades foi elaborada pelos conservadores durante o século XIX, e aí se incluem De Bonald, Hello, Von Haller e o próprio Comte. No caso de Toennies, o senso histórico ajudou a descrever as sociedades (*Gesellschaften*), e um certo conservadorismo romântico levou à valorização sentimental das comunidades (*Gemeinschaften*)[27].

Talvez possamos, ainda, aludir ao publicismo das utopias – absoluto predomínio do plano público sobre o privado –, traço encontrável também na atitude revolucionária, em contraposição ao privatismo sentimental-historizante do conservadorismo. Nas utopias quase sempre o governo é autoritário e antidemocrático: em Platão, em Morus, em Campanella, mesmo em Orwell e em Huxley. Seria a democracia uma **outra** utopia, onde o papel da ordem se vincularia a outro padrão? Ou seria o modelo democrático, enquanto ligado ao experimentalismo e ao espírito **leigo**, estranho à específica mística que anima a elaboração de utopias? Não vamos cair na receita simplificadora, que vincula as ditaduras ao "idealismo" e os socialismos à "dialética", nem reduzir os modelos políticos a epifenômenos de modos-de-produção, mas há que admitir certas correlações: a democracia liberal e a social são estruturas diferentes, como o são – embora, é claro, não totalmente – as ditaduras de direita e as de esquerda.

Igualitarismo e desigualitarismo

Todos os sistemas sociais e políticos são formas de ordem, mas a valorização explícita da ideia de ordem é extremamente variável. E como a ideia de ordem se acha sempre ligada à de diferenciação (junto à de unidade), certos contrastes entre atitudes sociopolíticas são correlatos de divergências quanto ao valor e ao papel da diferenciação (mais à de unidade), certos contrastes entre atitudes sociopolíticas são correlatos de divergências quanto ao valor e ao papel da diferenciação. Ao mencionar "diferenciação", envolvemos no problema os conceitos de igualdade e desigualdade, que também se encontram dentro do tema.

No Ocidente moderno/contemporâneo o problema da alternativa desigualdade –igualdade aparece de modo bastante característico em Rousseau. Para ele, que foi de certa forma um utopista – aliás um utopista sem amor pelo objeto **cidade**, como observam certos autores[28] – a desigualdade entre os homens terá sido algo "nascido" a partir de certos dados; e um dos itens essenciais de sua construção política consistiu em fazer valer a unidade e a coesão que o racionalismo indicava, em certa dimensão, dentro das sociedades[29]. O racionalismo que na Grécia antiga levara Sócrates a encontrar verdades geométricas na cabeça de escravos, e que levara Descartes a falar do *bon sens* como sendo *la chose du monde la mieux partagée,* continha esse elemento potencialmente igualitarizante, se bem que acompanhado de tendências capazes de conflitar com ele.

Talvez se possa pensar isto: o ponto de vista revolucionário, assinalador ou pleiteador de igualdades (reconhecer nos homens a igualdade que em essência possuem, para efetivamente garanti-la, como no *suum tribuere* do direito romano), acentua assemelhamentos e se inclina à síntese: a síntese como sentimento das semelhanças. O ponto de vista conservador, que valoriza as diferenças e acolhe as desigualdades, é analítico: a análise como esquadrinhamento de diferenças[30]. Mas o registro de Sartre, sobre o caráter analítico do "pensamento burguês", só tem cabimento no caso de uma burguesia tornada conservadora, ou de um segmento conservador da burguesia, coisa que não exclui a presença histórica de uma ação burguesa com sentido revolucionário e, portanto, sintético. Referimo-nos principalmente ao caso francês.

O tema nos levaria a rever a imagem de certas configurações históricas, inclusive o das ditaduras marxistas atualmente às voltas com **mudanças**. O problema fundamental é em cada caso o da proporção de mudança cabível dentro de cada sistema, ou seja: quais as mudanças que, admitidas como "melhoras", "atualização" ou "adaptação", permitam manter intactas as linhas básicas daquilo que se definiu – nos inícios revolucionários – como **comunismo**. Detectaríamos, dentro do problema, uma espécie de reencontro entre a **utopia**, latente nas definições iniciais, e a **história**, que ocorre e pulsa através das pressões posteriores.

Utopismo e profetismo

Escreveu Antero do Quental, em frase típica de seu século e de seu temperamento, que a revolução é o cristianismo dos tempos modernos, tal como o cristianismo fora a revolução dos tempos antigos. Deixando de analisar o fundo proudoniano da afirmação, retenhamos que ela sugere algo sobre o que seriam certas linhas evolutivas, nas quais incluiremos, por nossa conta e a título de conjectura, a secularização cultural ocorrida no mundo antigo e também a que ocorreu no Ocidente medieval-moderno. Seria talvez isto: na Grécia antiga a religião cede passo à utopia, com o racionalismo urbano de Faleas e de Hipódamo. Platão recolhe as duas coisas, e as funde em uma ampla metafísica política; o empirismo moderno submete os traçados utópicos aos critérios sociais de padrão "positivo". Seria também isto: o cristianismo, desembocando nas utopias renascentistas, colide, junto com elas, com o maquiavelismo; o marxismo, juntando utopias sociais e ciências "positivas", abrange o realismo que estava em Maquiavel e o junta a um peculiar alento profético.

Na verdade o que existe de especificamente **profético** nos socialismos contemporâneos – descartando-se a diferença polêmica entre os "científicos" e os "utópicos" –, é algo que se desvia do racionalismo **revolucionário** (o das revoluções iluministas) e também da **história**. O toque profético – faço questão de não dizer o "discurso" profético – se situa em uma dimensão própria, que resvala, com um misto de inocência e arrogância, sobre os dados históricos, sem os absorver, e que não se confunde com a atitude revolucionária. Não tem o cunho prático desta: se uma doutrina é ao mesmo tempo revolucionária e profética, ela o é em dois planos distintos, como sucede no marxismo.

Um dos problemas do marxismo, do ponto de vista de uma análise crítica, é precisamente esse, o da presença de um componente profético. Desde cedo seus críticos perceberam que este componente se chocava com a autoproclamação de cientificidade, básica na doutrina. E esse traço profético se liga, de forma ambígua, à parte **prática** do marxismo, pois ele anuncia como algo inelutável uma coisa que terá de ser obtida por meio de luta, – a luta sendo a parte revolucionária do sistema de Marx. Aliás Leszek Kolakowski, em seu estudo sobre a utopia e a antiutopia no marxismo, situa o problema de modo muito sugestivo. Marx teria tido a pretensão de conhecer o significado da história, e disto partiam tanto sua inclinação utópica quanto sua disposição **científica**, juntando-se as duas coisas como duas certezas distintas[31].

Evidentemente a vocação, ou por outra a tendência do espírito revolucionário, que rejeita a realidade presente (e com ela a passada), é a de enfatizar o futuro, jogando para ele a carga de otimismo que o alimenta: então se chega a dizer, às vezes, e sem maiores cuidados conceituais, que a história é profética. Na verdade, sem nenhum cuidado conceitual. Pois se tem como **história** a sucessão dos acontecimentos, ela não pode ser um pensamento nem anunciar isto ou aquilo; se **história** significa o saber referente aos acontecimentos, também não se tem com ela previsões nem promessas. Tirar dos fatos (ou do saber referente a eles) anunciações dessa ordem pressupõe uma interpretação, obviamente comprometida com uma **crença**, isto é, não meramente hermenêutica nem objetivamente "compreendedora". Podem-se encontrar **traços** proféticos na atitude revolucionária, tal como na utópica; o ponto de vista histórico, porém, sempre reduz sua presença.

* * *

À medida que apresenta um lado profético, a utopia contém sempre um sentido otimista. Não nos referimos propriamente às utopias nostálgicas, as que põem o ideal no passado, e que correspondem segundo certos críticos às classes em declínio: no caso o mito da *aetas aurea*, mencionado em Platão e cantado exemplarmente por Ovídio; no caso também a imagem do Paraíso perdido[32]. Aludimos especialmente às utopias que miram o futuro, ou que simplesmente não se situam expressamente no tempo. Um pessimista diria que os otimismos é que são utópicos. De qualquer sorte o caráter otimista das principais utopias, relacionado com uma visão implicitamente positiva do homem, se vincula com seu sentido a-histórico: podemos então dizer que a identificação com a compreensão histórica leva o espírito ao pessimismo, o que parece até certo ponto válido. A atitude revolucionária se desvencilha dos cuidados hermenêuticos e des-historiza as imagens históricas, fazendo delas – vimo-lo mais acima – recortes pragmáticos: a utopia refoge à historicidade assumindo outra dimensão, onde a felicidade das comunidades é *a priori* possível[33].

Parece assim haver, dentro de toda construção utópica, uma espécie de medo das mudanças: medo da imagem do incessante mudar que é a história (não discutiremos aqui a presença, na história, de um componente de "permanências"). Esse medo se encontra a nosso ver em Platão, e também nas utopias renascentistas[34], nas do socialismo romântico, em Marx. Sempre a representação – detalhada ou sumária – de uma sociedade onde se **chegou** ao estágio perfeito: *hic otime manebimus*. Apesar disso, ou como complemento disso, será válido enxergar nas utopias um marcado caráter pedagógico; liberadas das nuances e relativismos que proviriam do senso histórico, elas se delineiam com nitidez exemplar, buscando servir de modelo para a **formação** de programas concretos.

NOTA

(1) – Positivista no sentido de expressamente dependente da informação empírica e avesso a toda "metafísica", apesar de que esta pode ser encontrada, seja no marxismo seja no ideário de Comte. No apego às chamadas condições materiais estaria o que já se chamou (com alusão ao positivismo comteano) "explicação do superior pelo inferior".

(2) – Cf. os capítulos VI e VIII de IMAZ, E. *Topia y Utopia*. Ed. Texontle, México, 1946. Sobre Vico veja-se a exposição crítica de CROCE, B. *La filosofia di Giambatisa Vico* (vol. II dos Saggi Filosofici), 5.ed., Laterza, Bari, 1953.

(3) – Cf. nosso estudo "A obra de Dilthey e o mundo histórico", ora em *Historicismo e culturalismo*. Ed. Tempo Brasileiro/Fundarpe, Rio de Janeiro, 1986. Cf. também AMARAL, M. N. C. P. *Dilthey: um conceito de vida e uma pedagogia*. Ed. Perspectiva, São Paulo, 1987.

(4) – Cf. BECKER, C. *La ciudad de Dios del siglo XVIII*. Trad. José Carner. Ed. FCE, México, 1943.

(5) – Este esquema moderno teria tido, segundo alguns autores, um antecedente no pensamento de Joaquino di Fiore, ao qual Spengler, inclusive, dedicou grande interesse. Cf. LÖWITH, K. *El sentido de la historia*. Trad. J. F. Bujàn. Aguillar, Madrid, 1968, cap. VIII. Cf. também as alusões de RACINE, L. em seu artigo "Paradis, âge d'or, royaume millenaire et cité utopique". In: *Diogène*. Ed. Gallimard, n. 122, 1983, p.139; e em MANUEL, F.; MANUEL, F. *El pensamiento utópico en el mundo occidental*. Trad. B. M. Carrillo. Ed. Taurus, Madrid, 1984, vol. I, 87p.

(6) – Veja-se STRAUSS, L. *Droit Naturel et Histoire*. Trad. M. Nathan e E. Dampierre. Ed. Plon, Paris, 1954, p.373.

(7) – Aqui entraria o problema da permanência (velada) de figuras teológicas dentro do pensar dessacralizado, e do possível

retorno do modo teológico de pensar (o problema se acha aflorado adiante nas notas 23 e 29).

(8) – Sobre os antecedentes de Comte e de Weber. Entre as injustiças que se fazem a Augusto Comte, acha-se a de esquecer que ele percebeu o fenômeno que Max Weber, umas duas gerações depois, caracterizaria como dessacralização (*Entzäuberung*) cultural: a passagem do "teológico" ao "metafísico" seria justamente o processo de secularização ou dessacralização. Percebeu-o, porém, em termos ainda rígidos e dentro de um desenho unilinear da história, fundado sobre o esquema ou **quadro** de Condorcet (e de Turgot) sobre os "progressos do espírito humano". Em Vico, com seu **modo** tardiamente barroco e com sua intuição histórica, o mesmo fenômeno fora também entrevisto: Vico aludia ao processo de perda da sacralidade como passagem do poético ao prosaico nas representações da arte e do saber.

(9) – Cf. nosso artigo "Do maniqueísmo à tipologia". In: *Humanismo e História*. 2.ed. Ed. José Olimpio – Fundarpe, Rio de Janeiro, 1983, Bagaço, Recife, 2009).

(10) – Cf. IMAZ, E. *Topía y utopia*, op. cit. Mais, dentre a vasta literatura: MANUEL, F. ; MANUEL, F., *El pensamiento utópico*, cit., vol. I, parte II; USCATESCU, G. *Utopia y plenitud histórica*. Ed. Guadarrama, Madrid, 1963, passim. Sobre Morus, o excelente estudo introdutório de LUPTON, J. H. em sua edição bilíngue da *Utopia*: Oxford, Clarendon Press, 1895. Vale lembrar o livro clássico de KAUTSKY, K.*Thomas More and his Utopia*. trad. H. J. Stenning. Ed. Lawrence & Wishart, Londres, 1979.

(11) – O problema não poderia ser desenvolvido aqui, mas anotemos o seguinte: a **politicidade**, de certa forma diminuída dentro do liberalismo – inclusive com seu antiestatismo –, teria sido fortemente presente nas monarquias absolutas, que eram a realidade histórica dominante ao tempo de Morus e de Campanella; entretanto a imaginação **utópica**, como tal,

evita os percalços da politicidade, e ao refugiar-se fora do espaço e do tempo retrata reinos onde não latejam conflitos.

(12) – *El pensamiento utópico*, cit., vol I, p.35. Cf. também, do mesmo autor, "Toward a psychological history of Utopias". In: MANUEL, F. *Utopias and Utopian Thought*. Condor Book, Londres, 1973.

(13) – Cf. GILSON, E. *Evolução da Cidade de Deus*. Trad. J.C. de O. Torres. Ed. Herder, São Paulo, 1965; PESCE, D., *Città terrena e città celeste nel pensiero antico (Platone, Cicerone, Agostino)*, Sansoni, Florença 1957.

(14) – Ver por exemplo VAZ, H. C. L. *Escritos de Filosofia. Problemas de Fronteira*. Edições Loyola, São Paulo, 1986, p.299. Para VAZ, a utopia é o "sacrifício da racionalidade política no altar do mito da cidade ideal".

(15) – "A vida civil grega é o que constitui o verdadeiro conteúdo da República de Platão", advertiu Hegel: *Leçons sur Platon*, texto inédito (1825-1826). Trad. J. L. Vieillard-Baron. Ed. Bilingue, Aubier-Montaigne, Paris, 1976, p. 125. Sobre a correlação entre a concreta experiência urbana e o pensamento antigo, v. o livro de RYKWERT, J. *The idea of a town. The anthropology of urban form in Rome, Italy and the ancient world*. Princeton Univ. Press, Nova Jersey, 1976.

(16) – ROBESPIERRE. *La razón del pueblo*. Trad esp., Ed. La Bastilia, Buenos Aires, 1972, p.119.

(17) – Cf. nosso "Do maniqueísmo à tipologia", loc. cit.

(18) – O tema foi tratado em dois perturbadores livros por GIRARD, R: *Des choses cachées depuis la fondation du monde,* B. Grasset, Paris, 1978 e *La violence et le sacré*, Grasset, Paris, 1972. Cf. ainda D'AGOSTINO, F. *Bia. Violenza e Giustizia nella filosofia e nella letteratura della Grecia antica*. Ed. Giuffre, Milão 1983; e SERRES, M. *Rome. Le livre des fondations*. Ed. Grasset, Paris, 1983. O problema entretanto tinha sido percebido por Vico, com sua visão da rudeza dos "tempos heroicos": cf.

a respeito CROCE, B. *La filosofia di G. Vico*, op. cit., cap. XV. Um tema por aprofundar, dentro das alusões do texto, seria o da relação, nas revoluções, entre violência e legitimidade: Hannah Arendt, entre outros, tocou no assunto.

(19) – ELIADE, M. ao aludir aos mitos concernentes ao paraíso terrestre, menciona sua relação com as utopias surgidas na época dos descobrimentos (*La nostalgie des origines*. Trad. Ed. Gallimard. NRF, 1971, cap. VI).

(20) – No caso do antigo Egito podem mencionar-se episódios como a luta entre "legitimistas" e oposicionistas no tempo da rainha Hatshopsitou, filha de Tutmés I (XVIII dinastia, 1.500 a.C.), ou a "revolução" político-religiosa de Amenófis IV, depois chamado Akhenaton. Cf. MORET, A. *Rois et dieux d'Egypte*. Armand Colin, Paris, 1922, caps. I e II; para o segundo caso MONTEIRO, F. *Akhenaton – ascese e revolução*. Ed. Expressão, São Paulo, 1986.

(21) – No famoso livro de Ernst BLOCH sobre a "esperança" (*Das Prinzip Hoffnung*. Ed. Suhrkamp, Frankfurt, 1985 – 3 volumes), então mencionadas as mais diversas formas de utopia – frequentemente discutíveis as classificações – bem como os modelos e materiais nelas utilizados.

(22) – A expressão se acha citada por Octavio Agustín Sequeiros, no artigo "Humanismo y politica – la aportación de Werner Jaeger". In: *Moenia*, n. 1, Buenos Aires, Março 1980.

(23) – MOYA, C. *De la ciudad y de su razón. Del logos político a la razón sociológica*. Ed. Cupsa, Madrid, 1977. Este livro trata da evolução do pensamento ocidental em correlação com as formas políticas. A referência que fazemos no texto corresponde ao seguinte trecho: "No íntimo da fórmula kantiana – no imperativo categórico como possibilidade de uma comunidade universal regida pela razão pura de seus membros – se esconde, como significação latente, a mediação entre a velha escatologia da Cidade Celestial como Reino de Deus sobre a Terra e a nova utopia da dissolução do Estado,

desde a qual o anarquismo e o socialismo tentarão levar às últimas consequências este Estado fundado sobre a razão, cuja carta constitucional é a Declaração dos Direitos do Homem e do Cidadão" (cap. IV, p.214).

(24) – RITTER, G. *Il volto demoníaco del potere*. Trad. E. Melandri. 3.ed. Ed. Il Mulino, Bolonha, 1971.

(25) – Sobre a inserção, em Hegel, do conceito de revolução dentro da imagem do curso **histórico**, v. o artigo de WEIL, E. na coletânea organizada por Claudio Cesa, *Il pensiero político di Hegel*. Ed. Laterza (Bari) 1979, 83p.– Não me lembro se alguém já estudou, sem parcialismos ideológicos, os pontos de contato entre os esquemas de Spengler e o pensamento histórico de Hegel: entre os dois há uma séria de antinomias, mas há também aproximações.

(26) – BURKE, E. *Reflexions on the french Revolution & other essays*, by. Ed. Dent (Reimpressão, 1916), pp. 19-20.

(27) – TOENNIES, F. *Communauté et Société*. Trad. J. Leif. Ed. PUF, Paris 1944, passim.

(28) – MANUEL, F. *El pensamiento utópico*, cit., vol. II, p.330.

(29) – "El grado de síntesis y cohesion que debería existir entre los indivíduos de la sociedad es probablemente et problema utópico más profundamente arraigado en la tradición racionalista" MANUEL, F. loc. cit. Esta alusão, como se percebe, se situa em um ponto imediatamente anterior à ideia de Kant mencionada acima, à nota 23.

(30) – Valerá acrescentar que o pensamento "sintetizante" tem mais correlação com o plano metafísico do que o trabalho analítico. Então o espírito revolucionário teria realmente um correlato ou componente metafísico: aquilo que desagradou a Burke na linguagem da revolução francesa. Um componente que latejava em Rousseau, que se encontra também nas generalizações dos panfletários do século XVII e que se constata nas metáforas do Manifesto Comunista. Sobre a ligação entre

a metafísica revolucionária e o maniqueísmo do "terror", FURET, F. *Pensar a Revolução Francesa.* Trad. Rui Carvalho. Edições 70, Lisboa, 1988, p.172. Cf. alusão ao trecho no artigo de SORGI G. "Paura e política. In: G. Ferrero", em *La Paura e La Città* (Atos do I Simpósio Internac. de Filosofia Politica), vol. I, org. por D. Pasini, Roma, 1983, p.81.

(31) – KOLAKOWSKI, L. *Espírito Revolucionário e Marxismo: utopia e antiutopia.* Ed. Universidade de Brasília, 1985, 82p. A nosso ver, aliás, Kolakowski não faz a devida distinção entre o utópico e o profético. Para as relações entre o esquema histórico de Marx e a velha divisão quadripartida dos tempos, que já Bodin no século XVI considerava uma sobrevivência das visões do profeta Daniel, cf. PAPAIOANOU, K. *La consécration de l'Histoire.* Ed. Champ libre, Paris, 1983, p.79. Cf. também CIORAN. *Histoire et Utopie*, Gallimard, 1960, pp. 38-9.

(32) – Cf. supra, nota 19: citação de ELIADE, M. Ver também o texto de SHKLAR, J. "The political theory of utopia, from melancholy to nostalgia". In: *Utopias and utopian thought,* cit., 101p.

(33) – Aqui entra, como categoria, o conceito de esperança: cf. supra, nota 21 (citação de BLOCH, E.). Cf. também o cap. final de GIORDANI, P. *Il futuro delle utopie.* Ed. Calderini, Bolonha, 1973.

(34) – Conviria lembrar, em outro contexto cultural, mas com expressa dívida perante Platão e Aristóteles, o célebre turco-árabe AL-FARABI, que embasou sobre reflexões teológico-ontológicas seu pensamento social: vejam-se os textos em seu *La ciudad ideal.* Trad. M. Alonso. Ed. Tecnos, Madrid, 1985.

Recife, 26 ago. 1989
(Publicado na *Revista Brasileira de Filosofia,*
São Paulo, vol. XXXIX, fasc. 157, 1990)

Templo e palácio

Pensamento religioso e pensamento político na história do Ocidente

Atentemos às origens, ou ao menos aos tempos mais recuados. As alusões a eles, mesmo com os progressos da arqueologia e da paleografia, são em grande medida conjecturais: são alusões ao que cabe supor que tenham sido. O desenho das origens é de certo modo um desenho de arquétipos, isto é, de imagens que se configuraram pela superposição de lembranças, sempre empurradas para mais longe, sempre mais distantes da verificação direta.

As alusões são conjecturais, e correspondem a suposições: referem-se ao que se supõe, tanto sobre a base de conhecimentos documentais quanto sobre o jogo de semelhanças e dessemelhanças que o homem de cada época projeta sobre o passado, ao identificar-se com o homem anterior distinguindo-se dele. Assim supõe-se que nas origens o poder teve forte conexão com a experiência religiosa (falo de origens em sentido amplo): a criação das primeiras instituições deve ter envolvido, junto com outras diferenciações fundamentais, a presença de homens que lidaram com ritos e crenças. Eles devem ter tido participação nos processos que definiram as hierarquias iniciais, que incluíam a distinção entre mulher e homem, jovem e velho, governado e governante. Devem ter constituído um grupo específico de governantes, diversos dos governantes armados, e é provável que desde cedo – ao menos em certos casos – a dominação pela força física tenha sido paralela à que se exerceu pela ascendência psicológica (mais tarde caberia o termo "espiritual"), em todo o caso **mágica**.

São temas em que se entra com mil cuidados, e em que seria longo apelar para testemunhos científicos. Longo, difícil e, no caso deste ensaio, impertinente. De qualquer sorte, a dominação pelas armas e a dominação pela ascendência mágica – ambas obviamente ligadas à estratificação e à divisão do trabalho – devem ter correspondido a diferentes sentidos do **espaço**: a "distância" mantida pelos adultos armados em relação à população comum, e a que se manteve por parte dos **xamãs** (ou dos sacerdotes) em face às pessoas em geral. Duas dimensões do obedecer, dois planos da "distância social"; mesmo quando, como parece ter ocorrido em diversos contextos e em épocas diversas, o comando militar e a liderança religiosa se concentraram em um mesmo chefe.

Mesmo considerando que em certos povos (inclusive em sociedades já organizadas e culturalmente definidas) ocorreu a junção de funções militares e funções de culto, é válido pensar que a consolidação de cada uma das duas coisas, poder militar e poder religioso, produziu resultados peculiares. O poder militar deve ter-se "oficializado" como **governo** dentro da sociedade, ou sobre ela, e o poder religioso como **outro** governo, como a gestão do referente à outra vida ou ao outro lado da vida. Os homens, desde longa data, devem ter chegado à ideia da unidade para não se perderem diante (e dentro) da diversidade; mas as imagens antigas parecem misturar a unidade e a diversidade quando nos dão notícia desse tipo de coisas.

A consolidação dos comportamentos deve ter consolidado as instituições, e com elas se comprometeram a linguagem e os valores. Os comportamentos, por outro lado, consolidaram delimitações, inclusive a delimitação de espaços: a experiência religiosa, já nos tempos iniciais, incluiu a atribuição, a certos espaços, de um caráter sagrado. Mircea Eliade aludiu a isso em vários estudos. Atribuir caráter sagrado a determinada coisa significa definir comportamentos em relação a ela. Para melhor garantia dos comportamentos, certos espaços passaram a ser elaborados, dentro já – certamente – do largo e pesado esforço de edificar com pedra, que ocorreu em vários lugares e momentos da chamada "história antiga".

Desse modo o poder militar, oficializado como governo e portanto como "poder político", transformou as estruturas de defesa em **palácios** – os palácios antigos participavam do gênero fortaleza, sendo ao mesmo tempo depósito, morada do rei, harém, sede burocrática. O poder religioso, responsável pela definição das coisas sagradas, edificou o **templo** (ou os templos): o templo como residência do deus, como escola, como uma espécie de consultoria cultural. Por aqui se entraria em numerosas conjecturas sobre funções e sobre competências. Certamente deve ter havido uma concentração econômica em torno do palácio (vários estudos existem sobre isso), mas também o templo tinha peso no tocante aos tributos: entre os *aztecas* os sacerdotes compunham um poder complementar, como ocorrera no Egito ao tempo do malogrado Amenófis IV. Com isso se terão demarcado os dois termos de uma dualidade destinada a muito perdurar, séculos afora: a dualidade do poder civil e do poder religioso. E mais, a dualidade do ponto de vista "leigo" e do teológico, dentro dos afazeres humanos e em especial dentro do plano do poder e das instituições. Daí ter Bossuet registrado, logo no **Dessein Général** que serve de Prefácio ao famoso **Discours sur l'Histoire Universelle**, que sua obra trataria da religião e dos impérios, porquanto "a religião e o governo político são os dois pontos sobre os quais correm as coisas humanas".

É provável que no tocante aos testes decisivos o palácio tenha tido mais **peso**: armas, gente, concentração de funções, domínio efetivo. Recorro a James Frazer, que fala de reis acumulando funções sacerdotais: a frase que usa é "*a royal title with priestly duties*", mencionando em seguida a expressão romana "Rei dos ritos sagrados"[1]. Recorro a Moses Finlay, que, aludindo ao mundo micênico, menciona "uma sociedade complexa, hierarquizada, centrada no Palácio"[2]. Coisa similar terá existido na antiga China, no Egito, na Pérsia.

Afirmou Jack Goody que os diferentes interesses da Igreja e do Estado condicionaram o surgimento de duas "burocracias gêmeas"[3]. Interesses materiais e intelectuais: controle de propriedades, registros técnicos. De fato, vários autores ligam à estrutura dos palácios o emprego das tabuinhas, e sabe-se por exemplo que os hititas possuíram um exemplar sistema de arquivos. O palácio, na organização creto-miceniana, era a instância central da ordem socioeconômica, e nele o uso da escrita "linear B" correspondeu a funções contábeis e administrativas bastante características[4].

* * *

Falei acima em distâncias e em espaços. Sabe-se que a organização institucional foi, desde os começos, uma ordenação de espaços e de vias, ligada ao uso da linguagem e ao emprego da escrita. Certamente se teve uma linguagem para as coisas do palácio e outra para as do templo: a distinção é procedente, mesmo quando se entende que na maioria dos casos o mundo dito antigo se achou dominado pela mentalidade religiosa – no sentido amplo do termo e quanto ao plano dos "valores".

Com isto fica mencionado o tema da duplicidade de espaços, o **público** e o **privado**, que com acompanháveis alterações vem existindo desde o mundo antigo. E em grande medida a incidência dessas alterações se relaciona com um tipo de mudança histórica, correspondente ao que certos pensadores sociais contemporâneos chamam **secularização** cultural, termo que pode assumir acepção mais antropológica ou mais sociológica (neste último caso uma referência quase obrigatória se faz a Max Weber e à "dessacralização", **Entzäuberung**).

Cabe considerar o tema como dos mais relevantes: a secularização, no sentido de gradativo declinar da mentalidade religiosa (com suas implicações) e passagem a um espírito racionalizante (com outras implicações), terá ocorrido exemplarmente na Grécia antiga, aí pelo século V a.C., e no

Ocidente protomoderno a partir do chamado "humanismo"[5]. O espírito racionalizante corresponde a uma tendência latentemente crítica e cientificista, que se desprende aos poucos dos componentes teológicos e mesmo mágicos da cultura. Evidentemente tudo isso vai dito com sentido de simplificação, e não significa que a razão somente estivesse presente **após** o processo, ou que a partir da secularização os componentes anteriores se perdessem de todo.

As coisas na história, isto é, na realidade, são sempre mais complexas do que nos livros. Se nos ativermos demasiado às nuances dos acontecimentos, perderemos a visão do conjunto e, portanto, a possibilidade de interpretá-lo; se forçarmos as linhas para representar os objetos como "tipos ideais", corremos o risco de ignorar certos aspectos que merecem ser compreendidos. No Ocidente – isto é, no que foi a Europa desde a Protoidade Média até a incorporação de outros espaços –, a secularização correu *pari passu* com a criação dos Estados absolutos (o "Estado Moderno" em seu primeiro momento); o Templo, quer dizer, a Igreja, perdeu a ampla forma que vinha tendo, dividindo-se o cristianismo entre o catolicismo e as Igrejas reformadas.

O espaço **público**, que em épocas anteriores foi compartilhado pelo Palácio e pelo Templo, e que foi dominado – ou quase – pela Igreja nos séculos ditos medievais, passou aos poucos ao domínio do poder monárquico. O Estado e o Rei se identificaram, o termo "soberano" correu deste para aquele. Paralelamente o mundo social se refazia: a **burguesia**, protagonista do processo de secularização (e não apenas conceito econômico), instaurou um novo conceito de dimensão pública. Isso foi estudado em livro muito importante por Jurgen Habermas[6], que também anotou as vicissitudes do Palácio, em sentido restrito, ao tempo do barroco[7].

E dentro das alterações gerais ocorreram diversos aspectos. O iluminismo – correlato cultural do período de secularização – ensejou como se sabe a distinção moderna entre moral e direito. Tomasius disse então que este se refere ao "foro externo", aquele ao "foro interno". Na verdade a distinção era também uma separação entre o **Estado** e a **Igreja**, necessária para a sobrevivência dos dissidentes religiosos, inclusive os huguenotes. Salvava-se a possibilidade de novas versões da fé, mas diminuía-se a dimensão e a força daquele tipo de fé que tinha vigorado no medievo[8]. Seria talvez o caso, por outro lado, de entender que com o predomínio do Palácio (isto é, do poder político) na esfera pública, a religião recuava para a esfera privada: isso teria acontecido em alguns setores do romantismo, com seu conservadorismo intimista, que pode ser comparado talvez ao antigo epicurismo, também privatização do pensamento e do gosto, também resultado da perda do espaço público por parte de certas pessoas.

Em parte esses processos foram do tempo em que se reformulou a diferença entre o antigo e o moderno – diferença formulada ao tempo de Perrault e de Descartes, percebida por Rousseau e pelos homens da Revolução. Reformulou-se sobretudo no texto famoso da conferência de Benjamin Constant, de 1819, até hoje comentada e glosada por tantos autores, inclusive Croce e Cerroni[9]. E com isso se tem o processo de secularização, com suas empertigadas pretensões racionalistas, como algo paralelo à formação da autoimagem do homem moderno, senão do "contemporâneo", e à elaboração de sua consciência histórica.

Eis o que ocorre: ao delinearem-se as diferenças entre o antigo e o moderno, atribuiu-se maior religiosidade ao antigo. O moderno foi considerado racional e científico: Voltaire combatia a nobreza e o clero, isto é, o feudalismo e a teocracia, assim preludiando Comte (cujo esquema sobre os três "estados", teológico, metafísico e positivo, merece ser repensado). Na distinção textualizada por Benjamin Constant, a liberdade antiga aparece como integração na *polis*, como participação num todo: seria de certo modo uma condição **religiosa**. Constant se refere a Esparta como uma "aristocracia monacal", lembrando que para os antigos a liberdade de escolher um culto pareceria um crime e um sacrilégio. A liberdade moderna, entendida como margem de ação atribuída ao cidadão, seria no caso uma condição mais política. É no seio dessa concepção "moderna", inclusive, que se aloja o individualismo, cujo ímpeto ideológico veio a dar no liberalismo ou chegou ao anarquismo.

Entretanto o desenvolvimento da secularização envolveu um processo de crises: desde as **crises** que balizaram o início da "história moderna" até as que vieram com as revoluções liberais, com a revolução industrial e as alterações sociais correlatas.

Um dos tópicos, dentro dos âmbitos que podem ser sondados a propósito dessas crises, seria o tema do declínio da concepção platônica da **verdade**. Esse é um problema ao qual apenas cabe aludir, no momento. Nietzsche colocou a questão, relacionando a ideia da "morte de Deus" com o rompimento do velho conceito de **verdade**, segundo ele um conceito que dominou o Ocidente desde o século IV a.C, correspondendo ao modo de pensar platônico, onde um nível superior, o das ideias eternas, prima sobre o nível do acontecer sensível e do pensar empírico. O tema interessa ao nosso assunto à medida que a antiga noção hierática de verdade teve conexão com o *ethos* clássico, suplantados ambos no mundo moderno por diferentes pragmatismos: o de Marx, o de Nietzsche, o anglo-norte-americano.

Esse tema terá o que ver com as alterações do conceito de autoridade. A velha noção romana, desdobrada em pelo menos duas acepções, a política e a religiosa, estendeu-se também ao âmbito intelectual, certamente pela vizinhança entre este e o campo teológico: por muito tempo se teve a rígida autoridade política e a inflexível autoridade dos mestres, das "fontes" e dos textos. Depois veio a flexibilização, a autoridade política confundiu-se com a vontade geral dentro dos movimentos democratizantes, a autoridade espiritual e científica passaram a entender-se em sentido diferente – mais o argumento e a persuasão do que os nomes e o tempo. Mas depois ambas as acepções entraram em crise: crise dos argumentos e da persuasão, crise das flexibilidades.

* * *

Outro ponto corresponde ao fato, sempre mencionado, de que a burguesia é "analítica". Sartre, entre outros, fez a afirmação. Na verdade o pendor analítico corresponde ao racionalismo, desenvolvido dentro do processo de laicização. No racionalismo moderno, inclusive com o "saber classificatório" (expressão de Foucault) próprio do século XVII, o esmiuçamento analítico é bastante característico. Ele se mostra com destaque em Kant, como uma espécie de réplica quietista ao detalhismo "gótico" contido nas **sumas** medievais.

De fato o processo de secularização, no Ocidente moderno, começa com a crise das aristocracias feudais e envolve depois a crise das monarquias, com o advento das Repúblicas contemporâneas. Templo e palácio em sentido restrito decaem, mas o Palácio (no sentido amplo) – correlato do poder político, não teológico – prossegue, e refigura-se. O evolucionismo, que acreditou na imagem do poder civil, viu desmentida a sua crença na obsolescência do poder militar. De qualquer sorte o fundamento dos governos, salvo exceções, deixou de ser teológico.

* * *

No século XVIII o materialismo e o deísmo divulgaram a ideia de que no mundo contemporâneo não haveria lugar para a Religião – tomada esta no sentido de culto e clero, com ritos e símbolos. A religião se associou à ideia de superstição, englobando-se em uma acepção negativa todas as espécies contidas dentro daquele termo. No século XIX o romantismo restaurou os méritos da religião: ou voltando ao conceito kantiano ou reacendendo a figura do mito, ou ainda refletindo diretamente sobre o cristianismo. No caso Novalis, Schelling, Schleiermacher, Hegel. Mas a crítica dos chamados hegelianos (sobretudo a "esquerda hegeliana") retomou os debates do século XVIII, ou seja, os enfoques iluministas, e então surgiram as críticas de Ludwing Feuerbach e de David Frederico Strauss: surgiu a ideia da religião como alienação, que Marx incorporou. O **espírito positivo** repudiou a religião, estabelecendo a imagem de uma sucessão histórica em que a metafísica suplantaria a teologia e seria por sua vez superada pela ciência.

Contudo o pensamento conservador, que vinha da oposição à Revolução Francesa, manteve o ponto de vista teológico, vinculando-o ao "tradicionalismo", como no caso de De Maistre e De Bonald na França, de Donoso Cortès na Espanha, e de certos românticos alemães como Von Haller e Adam Muller. Na França, ainda, o catolicismo social romântico preservou a perspectiva teológica, por exemplo nas obras de Lamennais, sem falar nas grandiloquências de Chateaubriand.

O predomínio pelo menos provisório (ou talvez aparente) do positivismo e do evolucionismo consagrou, porém, a ideia do anacronismo das religiões instituídas. Sacerdotes e militares seriam, para Spencer, por exemplo, peças de museu. O prosaísmo dos novos tempos punha de lado o que parecera a tantos o valor poético das crenças e das armas. Dir-se-ia que os mosteiros, sede do saber em outras épocas, foram sendo substituídos por entidades leigas, inclusive pelas universidades contemporâneas, as que se modernizaram a partir da de Berlim, organizada por Humboldt no começo do oitocentos. Este assunto tem dado o que pensar a diversos autores: a ciência, assumindo o lugar da fé e se propondo a embasar os programas políticos (bem como os sociais e os éticos também) esbarra em diversos problemas críticos[10].

Com isso tudo ocorreram, em outros planos da vida histórica, alterações relevantes.

Inclusive, como não poderia deixar de ser, alterações na **hierarquia social**. Certamente que em diversas passagens, desde o "fim do mundo antigo" até a Revolução Francesa, incluíram-se transformações desse tipo, e nelas interveio – só que como um fator entre outros – a dimensão econômica, com mudanças na produção e no consumo. Agora, porém, fixemo-nos nisto: na Idade Média parece ter predominado uma visão intrinsecamente hierárquica do mundo, com a "metafísica do lugar natural" de origem aristotélica, as hipóstases de Plotino e sobretudo as exposições teológicas do Pseudo-Dionísio, que estudou detalhadamente a hierarquia celeste e a eclesiástica, evidentemente correlatas[11]. Após Maquiavel, com a gradativa laicização do pensamento social, e após a consolidação da vida social moderna, capitalista e urbana (Sombart e Von Martin escreveram exemplarmente sobre isso), o modelo "ontoteológico" de situar homens e coisas cedeu lugar a dois outros critérios: o do dinheiro e o do saber. Aquele bem mais eficiente, dominando as estruturas todas; este visível apenas sob certo prisma. Elme Caro anotou com penetração o fenômeno: como paralelo do darwinismo e do evolucionismo, criou-se em certos círculos a ideia de uma hierarquização pelo mérito intelectual[12]. Por outro lado, certos setores do liberalismo – no mundo anglo-norte-americano especialmente – acolheram a ideia aparatosa e equívoca de aplicar-se à política a "lei" da luta pela vida e da sobrevivência dos mais aptos, que vinha de Darwin e que já vigorava de certa forma no pensamento econômico.

Então, em vez de as coisas da terra serem entendidas como fruto ou reflexo das do céu, como na teologia tradicional e nas hierarquias do Pseudo-Dionísio, agora se entendia o céu como reflexo da terra: ou por conta de uma antropologia da religião nos termos de Feuerbach, ou por perceber-se a força dos fatos socais e econômicos nos novos processos.

* * *

Outras alterações, dentro da teoria política: por exemplo, na teoria das **formas de governo**.

Tentemos alcançar o tema por um caminho amplo. As primeiras referências literárias ao tema aludem a três tipos fundamentais de governo: monarquia, aristocracia e democracia. Cita-se sempre o livro III (§§ 80-82) das **Histórias** de Heródoto, com os persas que mencionam e discutem os três tipos. Há também Platão com o "Político", que antecipa Aristóteles, cujos textos se tornaram definitivamente famosos. Entretanto a experiência real, nas cidades gregas, foi a da alternativa entre monarquia e democracia; a referência à aristocracia parece sempre algo complementar, concernente à presença de estamentos nobres desde os tempos homéricos. Cremos que o esquema tríplice foi de certo modo uma construção didática, aludindo a possibilidades dentro de alternativas. Na *Politeia*, que vem atravessando os tempos como *República*, Platão aumentaria o número dos tipos falando em timocracia, por exemplo, e Aristóteles dobraria os três em seis, com a referência às "corrupções" – o que já estava no Político de Platão.

Mas o trânsito ao **Estado moderno** alterou as coisas. A Idade Média ensejara o debate sobre o poder religioso e o poder político, com o tema das "duas espadas", questionando-se os limites do poder do Papa e o do Imperador (depois se discutiu sobre os limites entre este e o do **rei**, e dessa discussão nasceu, em parte, a teoria da soberania). Mas com o predomínio de Aristóteles, a partir de certa época, é que se teve no Ocidente – a anotação é de Ullmann – um pensamento **político** no sentido estrito do termo. Além disso, ao tempo do humanismo, que foi o de Maquiavel, surgiu, em lugar da ideia de uma vida política criada pela "natureza", a concepção de que os homens **fazem** as coisas – inclusive o Estado[13]. Com isso se reforçou o caráter especifico dos problemas **políticos**; o esquema maquiavélico sobre as formas de governo, lacônico como aparece no capítulo inicial do *Príncipe*, tinha o sentido de indicar uma alternativa. A partir do século XVIII, e principalmente do XIX, se elaborou o tema das **formas de Estado**, sobretudo pela motivação trazida pela Suíça e pela federação norte-americana. Nos séculos XIX e XX se desenvolveria a questão dos **regimes políticos**: praticamente extintas as monarquias, passou-se a cuidar das opções viáveis nas repúblicas (o termo república sempre ambíguo diante da noção de democracia).

Da ideia de que os homens "fazem" as estruturas políticas, isto é, de que estas são arte ou "artificiais" (Hobbes), chegar-se-ia durante a Revolução Francesa à noção de uma "geometria social", termo usado por Sieyès. Entretanto, dentro da teoria do contrato, retomada por Jean-Jacques, estava a distinção entre o homem e a sociedade, esta obra daquele, obra das vontades compactuantes. Rousseau, pensando no problema da bondade natural do homem e da ruindade de sua obra, esta corrompendo àquele (note-se o retorno da velha ideia grega de "corrupção"), colocou a vontade geral como vontade essencialmente correta, para refazer a cada passo o contrato, regenerar a sociedade e com esta o homem. Tortuoso caminho dentro das linearidades do "Contrato social". E o problema da relação entre homem e sociedade, já secularizado pelo cartesianismo do genebrino, reaparece no conceito (de Hegel) de "sistema das necessidades" de onde Marx partiria para afirmar que o homem é um conjunto de relações sociais. Aí se confirmava o componente antiteológico (ou ateológico) da antropologia de Feuerbach; e de tudo isso sairiam o conservadorismo anticontratualista, o positivismo comteano e a ciência social.

* * *

A partir de certo tempo passou-se a mencionar como formas fundamentais a democracia e a autocracia. Isso se passou com a geração de Heller e de Kelsen. As alusões às formas de autocracia se tornaram dramaticamente atuais nos anos 30 e 40, a partir dos quais se falou em autoritarismo, ditadura, totalitarismo. Tudo isso, porém, constituiu parte do grande debate sobre a democracia, vasta discussão que vem envolvendo – desde pelo menos Tocqueville – todas as filosofias sociais, ideologias, nações e partidos.

Sob certo prisma, pode-se dizer que o problema da democracia foi historicamente um problema da burguesia, senão mesmo da "classe média". Entretanto é preciso refletir, e este é um problema histórico muito grave, sobre o que se acha no fundo desta vasta discussão sobre a democracia. São linhas mais ou menos constantes, valores que permanecem em debate, conceitos que se refazem e se conjugam. A alusão ao povo, obviamente: o povo como um todo, o povo como parte, como classe, como conjunto de pessoas politicamente ativas. O mundo relativizado, a sociedade complicada, a vida instável, os valores precários, o poder econômico montando sobre o político, tudo isso pede novos esquemas. Do acervo de linhas e de temas trazido pelo debate, resulta a necessidade de encontrar equilíbrios que sustentem o contraste entre o todo e as partes, e que permitam o diálogo: o debate tem de prosseguir, isso é essencial, e ele não prospera senão com o relativismo, que afasta a demagogia e evita a prepotência. Nenhum *ismo*, pois que os *ismos* são reduções, poderá bastar para o mundo de hoje, que requer democracia mas necessita de elites (no verdadeiro sentido): somente a combinação das verdades contidas no liberalismo e no socialismo, e até no conservadorismo, poderá atender a um mundo confuso e superpovoado como o de hoje.

Um mundo dominado pela técnica, onde nem as análises de Heidegger consolam os pessimistas, nem as advertências de tantos outros abatem os entusiastas da máquina e dos botões eletrônicos. Tecnologia significa em potencial tecnocracia (seria esta um novo correlato da teocracia?); significa massificação e portanto, em potencial, totalitarismo[14]. Superpopulação também significa massificação, e significa violência. A violência que se diz ter sido presente na fase das "fundações", que atravessou as épocas e que ressurge sempre; que foi do templo e das repressões religiosas, assumida pelo palácio em todos os contextos, sempre a serviço do poder – ou então, das contestações ao poder. Fala-se hoje às vezes em violência simbólica, expressão questionável que revela algo verdadeiro: o poder se impõe pelo lado dos fatos e pelo dos valores, ou dos significados, isto é, pelo da ordem e pelo da hermenêutica. Mas a violência é a sombra oblíqua do poder, descendo dele sobre os mais fracos ou contestando-o em nome de algum princípio, salvo nos casos em que ela se generaliza e se faz amorfa, sem fundamento explícito nem definição formal.

Retornos do teológico são, com frequência, retornos do maniqueísmo: dualismos infranqueáveis, verdade indiscutível, crentes indialogáveis. O maniqueísmo, presente nas grandes religiões, é o oposto do relativismo[15] e do equilíbrio. Mas o homem de nosso tempo não parece ter negado a religião, que continua a brotar e a ressurgir em vários pontos. O que vale esperar é que a permanência da religião, como religiosidade, não se confunda com as intransigências ortodoxas que em outros tempos transformaram a fé em militância política, e recentemente vêm transformando a política em fé ortodoxa. Do outro lado do maniqueísmo, porém, nem sempre se encontra o equilíbrio social, correlato do sempre desejável diálogo, e sim o enorme cinismo que omite o problema das crenças e que tenta comprar os países com o dinheiro, falando em livre mercado e consolidando o imperialismo.

* * *

O que parece é que os progressos da secularização não chegaram a cancelar inteiramente o componente teológico, dentro da vida histórica. Talvez porque as grandes transformações não correspondem à eliminação total das coisas que são "superadas" por outras: em termos hegelianos, a noção de *aufheben* inclui o revogar e o conservar, de modo que o tempo histórico enriquece os povos e os grupos humanos, acumulando sobre eles e dentro deles diversas camadas de experiência – que devem ser devidamente assumidas.

Ninguém hoje, provavelmente, discutiria mais a questão das investiduras; mas crenças são crenças, e por dentro da política – como teoria e como prática – se insinuam termos e imagens que são de origem teológica. Carl Schmitt, como se sabe tratou inquietantemente da "teologia política", rastreando traços teológicos dentro de diversos conceitos políticos modernos. E como Schmitt foi de certo modo um weberiano – expressionista na forma e ademais adernado para a direita –, vale recordar a sua frase famosa sobre o cunho implicitamente legítimo do poder do Estado ("o Estado possui o monopólio do uso legítimo da violência"): nessa frase parece latejar um resíduo de teologia, proveniente de tempos em que o poder era sagrado, os soberanos recebiam uma sagração, e a desobediência a eles era um sacrilégio. Aliás, Ortega escreveu, em algum *endroit* de seu livro sobre Toynbee, que o uso mais autêntico da noção de legitimidade corresponde aos contextos monárquicos. As categorias de origem religiosa, portanto, ressurgem dentro das intolerâncias conceituais, dentro das ortodoxias partidárias e dentro de certos mitos meio ocultos que sustentam estruturas maiores. A hermenêutica do palácio e a do templo convivem ainda hoje, aquela mais ostensiva por certo, mas ambas sempre perceptíveis em certos debates decisivos.

Uma categoria de origem teológica, a do **paraíso perdido**, serve ainda para outra alusão. Seria arriscado dizer que cada geração ou ao menos cada época tem seus paraísos perdidos, mas há qualquer coisa próxima a isso. Para Rousseau a *polis* grega teria sido um lugar ideal (para Hegel também); para Marx o comunismo primitivo, para os românticos o mundo gótico; para outros simplesmente os anos 20. O homem contemporâneo, com as referências históricas que o enchem e o cercam, acumulou paraísos perdidos, e em contraste com isso se enreda nos fios da tecnologia: fios, desafios e comodismos ambivalentes.

Recife, julho 1990

NOTAS

(1) – FRAZER, J. *The Golden Bough, a study in magic and religion.* (abridged edition), Macmillan, N. York, 1958, cap. II, p.10. Cf. também BENDIX, R. *Kings or people – power and the mandate to rule.* Ed. Univ. California, 1978, p.21 (cap. II).

(2) – FINLAY, M. *O Mundo de Ulisses.* Trad. port., Lisboa, Ed. Presença e Livraria Martins Fontes, 1972, p.11. Para uma analogia, vale a pena citar um trecho de DUBY, G. que se refere ao rei medieval colocado no centro de uma vasta "casa" – **casa** aí com mais de um sentido –, chamando-se de palácio (*palatium*) ao próprio conjunto de homens ligados ao soberano, povoando sua casa e servindo-o nela (*Guerriers et Paysans*. Paris, Ed. Gallimard, 1973, Parte I, cap. II, p.47).

(3) – GOODY, J. *A lógica da Escrita e a Organização da Sociedade.* Trad. port., Lisboa, Edições 70, 1987, pp. 35 e seguintes.

(4) – Cf. LOMBARDO, M. In: DETIENNE, M. e outros. *Les Savoirs de l'Écriture. En Gréce Ancienne.* Ed. Univ. de Lille, 1988, pp.163-4.

(5) – Ampliando um pouco os conceitos, dir-se-ia que o processo terá ocorrido de alguma forma nas diversas "sociedades históricas" maiores. Seria um tema de certo modo spengleriano. Cf. para amostra o breve artigo de HARRIS, R. "On the process of secularization under Hammurapi", In: *Journal of Cuneiform Studies*, n. 15, 1961.

(6) – *L'Espace Public. Archéologie de la publicité comme dimension constitutive de la société bourgeoise.* Trad. M. de Launay. Paris, Ed. Payot, 1978.

(7) – *L'Espace Public*, cit., p.23. Para HABERMAS houve um momento em que as contas da "Corte" se tornaram um assunto privado, separando-se do poder específico do **Estado.**

(8) – Começava a colocar-se a diferença entre a moderna liberdade de pensamento, que inclui a possibilidade de cada qual escolher suas crenças, e a antiga "liberdade", que ignorava essa possibilidade. Veremos logo adiante que Benjamin Constant foi dos primeiros a observar isso.

(9) – CONSTANT, B. "De la liberté des anciens comparée à celle des modernes". In: *Cours de Politique Constitutionnelle – Collection des ouvrages publiés sur Le gouvernement représentatif.* Par CONSTANT, B., 2.ed., tomo II, Paris, Librairie de Guillaumin,1872. CROCE, B. dedicou ao assunto o cap. V de seus "Elementos de Política" (cf. *Etica y Politica*, seguidas de *Contribución a La critica de mi mismo.* Trad. E. Pezzoni; B. Aires, Ed. Imán,1952). – CERRONI, U. *La libertad de los modernos.* Trad. R. Iglesia. Barcelona, Ed. Martinez Roca, 1972.

(10) – MORGENTHAU, H. *Scentific man versus power politics.* Univ. of Chicago Press, reimpressão 1957; Sanford Lakoft (editor), *Knowledge and Power. Essays on Science and Government.* N. York, Free Press, 1966. Sobre a a burocratização do trabalho cientifico, cf. WHITE, W. Jr. *The organization man.* N. York, Doubleday Anchor Book, 1956, Parte V, princ. cap. 17.

(11) – Oeuvres Complètes du PSEUDO-DENYS l'Areopagite. Trad. e notas por M. de Gandillac. Paris, Ed. Aubier-Montaigne, 1943, passim.

(12) – CARO, E. M. "Essais de Psychologie Sociale", pp.118 e segs. In: *Mélanges et Portraits.* Tomo I, Paris, Ed. Hachette, 1888. – Para um confronto com um texto de nosso tempo, cf. KAMENKA, E; EHR-SOON TAY, A."Freedom, law and the bureocratic state", In: E. KAMENKA, E.; KRYGIER, M. (editores), *Bureaucracy – The career of a concept.* Londres, Ed. Edward Arnold, 1979), pp. 113 e segs: o § se intitula "o despotismo dos intelectuais", e se refere à visão critica da burocracia socialista.

(13) – O sentido de que as estruturas políticas são obras do homem, à medida que significa que são obras da razão, vem

a dar nos fundamentos da utopia, onde a razão "edifica" as formas com seus próprios recursos. Para o caso grego, ver os interessantíssimos tópicos sobre Hipódamo de Mileto em LAPOUGE, G. *Utopie et Civilisations*. Paris, Ed. Flammarion, 1978, pp.9 e segs.

(14) – Para estas alusões, FISICHELLA, D. *Totalitarismo – um regime del nostro tempo*. Roma, La Nuova Itália Scientifica, 1987.

(15) – Cf. nosso ensaio "Do maniqueísmo à tipologia". In: *Humanismo e História*. Rio de Janeiro, Ed. Fundarpe – José Olímpio, 1983. Vale lembrar, como um tema lateral, a persistência das perseguições religiosas e das dificuldades da liberdade de crença mesmo durante o século XIX: cf. SIMON, J. *La liberté de conscience*. 4.ed., Paris, Hachette, 1868, passim.

Jul. 1990
(Publicado na *Revista Brasileira de Filosofia*, vol. XXXIX, fasc. 161, 1991)

Preservação do passado e teorização filosófica: observações sobre o pensamento latino-americano

Referências iniciais

Após cinco séculos do "descobrimento" das Américas, põem-se vários problemas que pedem uma revisão, ou um balanço. Um deles, certamente, é o do significado do pensamento filosófico no chamado "Novo Mundo".

Situando-nos no horizonte histórico-cultural da América chamada latina (talvez pudéssemos dizer "ibérica"), defrontamo-nos, no concernente àquele balanço, com uma série de problemas. A existência de uma "filosofia latino-americana" é realmente algo discutível, embora possa ser reconhecida por meio de algumas produções intelectuais e de alguns temas peculiares. Por outro lado, as próprias referências dos historiadores ao que se consideraria como uma filosofia latino-americana são heterogêneas. Quando se diz "filosofia a grega (antiga)" ou "filosofia europeia", tem-se uma imagem mais ou menos definida, embora ocorram dentro dela variações e diferenciações. Para se ter uma imagem definida da filosofia latino-americana (ou da filosofia na América Latina), recorre-se a determinadas constantes e busca-se situar em certos centros culturais representativos as linhas de um pensamento com relativa uniformidade. Uma uniformidade sempre relativa: o Brasil, por exemplo, por falar a língua portuguesa e não a espanhola, mas também por outras razões históricas, tem caracteres um pouco distintos no que concerne à evolução das ideias[1].

Há, entretanto, aspectos que são comuns a todo o orbe "latino-americano" com referência às condições socioculturais vindas do período colonial. Por exemplo, o comportamento das classes dominantes no tocante à interdição da difusão do saber. Em certas cidades da parte espanhola (não na portuguesa) criaram-se universidades excepcionalmente cedo: no México e em Lima, já no século XVI. Entretanto a leitura e a escrita eram privativas de um pequeno grupo, em geral de clérigos, e com isso se teve uma verdadeira sacralização das letras. E daí a reverência para com as expressões **literais** na vida dos povos latino-americanos, mesmo – senão sobretudo – quando desprendidas de seus conteúdos[2].

O passado autóctone e o contato com a Europa

Desde logo é necessário colocar o problema da presença do passado autóctone, pré-europeu (ou "pré-colombiano") e de suas relações com a trajetória cultural da América Latina. A presença daquele passado aparece muito mais forte nos países da parte hispano-americana do que no Brasil: neste, os habitantes encontrados pelos "descobridores" se achavam em estágio cultural muito mais recuado do que os do México, da América Central e do Peru. Portanto, o sentir-se meio "índia" é algo mais próprio da América hispânica do que da de formação portuguesa.

Entretanto o Brasil também conhece o binômio correspondente à combinação de raças – no caso um trinômio –, e conhece o problema da superposição da cultura europeia a elementos antropológicos outros. E se o Ocidente se apresenta como uma cultura dualística[3], então se trata de um dualismo dentro de pluralismos: a cultura ocidental, com seu legado de crenças e de formas, símbolos, humanismos e polêmicas, presente como todo um "lado", no crescimento da experiência histórica das Américas.

No pensamento dos povos de fala espanhola, permaneceu até hoje o problema da **conquista**. De certo modo, o "ser" hispano-americano corresponde historicamente **a ter sido** vencido e dominado pelos espanhóis: trauma e marca incorporados ao próprio temário cultural do continente[4].

Tzvetan Todorov escreveu um livro extremamente sugestivo sobre o problema da conquista espanhola, interpretando o triunfo dos poucos europeus sobre os muitos astecas (e incas) através da teoria das comunicações. O próprio sentido da palavra entre os americanos teria facilitado a imposição física e verbal dos espanhóis[5].

O relacionamento com os vencedores, e portanto a condição de vencidos desde o início do passado colonial teria, segundo certos autores, condicionado e comprometido a figura mesma do homem latino-americano, marcado por aquilo que o uruguaio Alberto Zum Felde denominou "*coloniaje cultural*". Dentro deste se incluiria a consciência de que, para os europeus, a América Latina é mera imitadora de suas expressões[6].

Evidentemente o tema envolve uma questão de graus: sempre se poderá dizer que em qualquer parte do mundo ocorrem ou ocorreram relações de influência, e assim temos influências romanas em várias partes da Europa e influência alemã na Escandinávia. Há, por outro lado, variedade na interpretação do comportamento espanhol diante dos povos submetidos: Ortega y Gasset aludiu à "atitude generosa" de seus compatriotas para com os indígenas americanos[7].

Universalidade da "filosofia" *versus* filosofias continentais ou nacionais

A Filosofia, do ponto de vista epistemológico, se entende como um pensar universal pelo conteúdo e pela intenção; mas enquanto "atividade" humana, ela é um desempenho situado, histórica e socialmente situado. No século XIX alguns historiadores da filosofia debateram o problema de incluir no "quadro" da história do pensamento filosófico as reflexões teológicas chinesas e indianas, senão mesmo as cosmovisões egípcias e babilônicas: A alternativa seria, conforme o esquema **clássico**, partir da Grécia, fazendo corresponder ao advento da palavra o advento da coisa. De qualquer sorte seriam e serão filosóficas as cogitações com alcance **genérico**, que passem do marco mais regional e da circunstância mais restrita; que sejam válidas para outros marcos e outras circunstâncias. Da Grécia o modelo filosófico de pensar (a filosofia como uma espécie de temática ou de gênero literário) prosseguiu através da cultura romana, permaneceu dentro do mundo cristão e se incorporou ao orbe chamado Europa. Vale dizer, ao "Ocidente". Tudo isso representou a preservação e renovação de um conjunto de termos e de referências, de fontes e textos, e de problemas, uns mais "centrais" e outros apenas complementares. Preservação e renovação levadas a cabo por um persistente trabalho de cópias e por um contínuo esforço do pensamento.

E da Europa aquele conjunto de fontes e de problemas veio até as Américas, incluídas sem consulta no que se chama de "Ocidente": uma área menos "ocidental" do Ocidente, uma porção de cultura ocidental implantada sobre outras terras. Assim ocorreu que na América do Norte houve um pensamento iluminista, como houve também na do Sul (e na do Centro): sempre, aliás, um iluminismo vinculado às preocupações políticas das elites, então envolvidas com o ideal da independência[8]. Assim houve um romantismo, que como o europeu acentuou o nacionalismo. E um positivismo, este caracteristicamente forte nos países latino-americanos[9].

No século XX, logo após a larga ressonância das teses de Oswald Spengler sobre o declínio do Ocidente, alguns autores chegaram a expressar a ideia de que teria chegado a vez da América, ou das Américas: a vez de o "Novo Mundo" ocupar o proscênio da história e consequentemente a liderança no campo das ideias. Isso pressupunha que as Américas não seriam parte do Ocidente, ponto evidentemente discutível, mesmo no concernente à América Latina. Por outro lado omitia-se, ao pensar no assunto, o problema das condições concretas que deveriam equivaler a um desenvolvimento institucional apto a permitir um relevo mundial para a palavra latino-americana. Na verdade tudo continuou no mesmo no que se refere à dependência da América hispano-lusa em relação ao capital estrangeiro (e à cultura também), sobretudo ao capital norte-americano e aos produtos de sua indústria cultural[10].

Consistência da "filosofia latino-americana": suas peculiaridades

Um dos principais traços do pensamento latino-americano é precisamente a reflexão sobre suas peculiaridades, que no caso exprimem e garantem sua existência mesma.

Aos intelectuais latino-americanos se impõe desde logo o problema das origens culturais do continente. Com as origens compreende-se o ser, sua trajetória e seus componentes. Daí inclusive o interesse pelo papel do aparecimento das Américas no advento de novas ideias, ao tempo das grandes navegações e dos "descobrimentos". Uma paradoxal influência da figura do novo mundo sobre homens e ideias do Renascimento e do barroco: o indígena com sua presumida pureza, as terras desconhecidas como espaço para a imaginação utópica[11].

A afirmação das peculiaridades, entretanto, não seria apenas uma garantia para a alusão à existência de um pensamento latino-americano. Ela também funciona como compensação, como contradita em face da ideia de uma dependência histórica, que, além de ser de origem, resulta configurar-se como ligação econômica e cultural (quando não militar) às potências "maiores", sobretudo à superpotência maior do Ocidente[12].

Ao lado do problema das peculiaridades, aparece a referência à circunstância histórica. Em algumas passagens dos pensadores das décadas de 30 e 40, marcados pela leitura de Heidegger e pelo "existencialismo" em geral, bem como pela influência de Ortega, observa-se a tentativa de expressar a fundamental **pergunta pelo ser**, conjugada porém à temática da "cor local". A reflexão sobre a circunstância se desdobra então como alusão à precariedade da condição latino-americana.

Percebe-se nos próprios textos de Otávio Paz, que é um pensador de nosso tempo, um constante voltar-se para as **contradições** do ser latino-americano. O problema inclui os aspectos mais abstratos (ser extensão da Europa ou não), e também os mais ostensivos da vida dos povos: assim o contraste entre a pobreza e as festas, que retratam de modo bizarro a alegria do povo[13].

É como se diante de cada pensador latino-americano se repetisse o problema de defrontar-se com a chegada dos europeus. Chegam as ideias europeias (e norte-americanas), trazidas nos livros ou mesmo impostas por meio de estruturas administrativas e da linguagem burocrático-econômica usada pelos governos: elas são uma renovada **conquista**, que põe como diria Todorov "a questão do outro", e que coloca o espírito latino-americano diante de um dilema abissal: recusar o que é estranho e fechar-se na "autenticidade", ou aceitar o que chega com uma espécie de "cosmopolitismo seletivo"[14].

* * *

Esta preocupação com o ser latino-americano, própria dos pensadores de nosso século e constante da aprofundada meditação desenvolvida – particularmente no México – a partir das décadas de 30 e 40, se distingue claramente do pendor positivista dominante no século passado. Um positivismo que não somente acolheu o cientificismo da época de Comte e de Taine, mas também em alguns casos a mística da *Humanité*, e que adotou em política a diretriz autoritária da República executivista. Por toda a América Latina, ou quase toda, isso ocorreu, dando lugar a textos representativos e a lideranças personalistas[15].

A marca do passado e o assédio da circunstância têm levado a filosofia latino-americana a ser constantemente revisão histórica e reflexão social. A necessidade de construir/reconstruir as instituições (sempre o estigma da instabilidade institucional) tem, por outro lado, conduzido grande parte do pensamento da América Latina à **filosofia política**. No México, por exemplo, certas análises gerais correm em torno da imagem da Revolução de 1910. Diz Octávio Paz que as causas daquele acontecimento se confundem com a própria **vida** de seu país[16].

Digressão sobre o pensamento brasileiro

Também no Brasil a filosofia política sempre teve destaque, correspondendo, porém, mais ao interesse por problemas concretos do que a grandes preocupações teóricas. Não se formou no Brasil, senão tardiamente, um quadro de condições mínimas que favorecessem o trabalho filosófico, e daí as dificuldades com que lutaram os pensadores que, no século XIX, discutiram ideias gerais colhidas em leituras europeias: os positivistas, os tomistas, os monistas (destes, principalmente os agrupados na chamada "Escola do Recife"). Já no século XX, enquanto no México autores como Vasconcelos, Caso, Zéa e outros discutiam em termos filosóficos o problema da identidade nacional (e continental), os intelectuais brasileiros se voltavam, sobretudo, para a agitação literária iniciada com o modernismo. Entretanto tem havido linhas marcantes, e, no meio de tendências radicalizantes (o radicalismo comtista na segunda metade do oitocentos, o marxista a partir de 1950), destacam-se alguns momentos de relevo. A tentativa de superar os condicionamentos coloniais residuais foi, por exemplo, objeto dos estudos do grupo chamado ISEB (Instituto Superior de Estudos Brasileiros), que atuou entre 1959 e 1964. Nas décadas mais recentes, percebe-se a permanência da linha heideggeriana, do marxismo, de algumas formas de historicismo e de uns poucos seguidores do positivismo lógico, além de remanescentes do tomismo e outras posições, com certa influência (não grande e principalmente formal) do trabalho universitário.

Horizontes, possibilidades, perspectivas

Por um lado temos, portanto, a permanência da recepção de livros e de ideias provenientes da Europa (e dos Estados Unidos), apesar de alguns protestos, e dos esforços dos que buscam pensar autonomamente. Esses esforços se vêm, durante o século XX, reforçados pelo desenvolvimento de uma forte literatura própria da América Latina, com nomes de ressonância mundial como Pablo Neruda, Jorge Luís Borges, Garcia Marquez, Otávio Paz e outros[17].

Ocorre porém que os **temas** da filosofia são por natureza "universais", e a peculiaridade do esforço de pensar como latino-americanos leva certos pensadores a este dilema: são "universais", e portanto de algum modo europeus, os instrumentos conceituais usados na própria procura da autenticidade intelectual. Essa procura é válida enquanto recusa do imperialismo cultural, mas deve ter por limite a distinção entre a universalidade (inclusive temática) do filosofar e o caráter nacional ou continental que podem ter os estilos intelectuais. A fidelidade às origens não deve impedir o acesso aos dados do pensamento "internacional": o reexame do passado – inclusive do passado de ideias – pode incluir até mesmo sua negação, contanto que com isso se permita criar e recriar dentro de marcos nacionais ou continentais e de temáticas universais.

Tomar consciência das advertências que nascem dos paradoxos, eis o ponto de partida de reflexão latino-americana. Ainda na década de 50, Otávio Paz e Leopoldo Zéa mencionavam o horizonte de universalismo que finalmente emergia para o espírito latino-americano: um universalismo que não vem como oferta do "Ocidente" mas que nasce de amadurecimento histórico[18]. Cabe certamente acreditar nesse universalismo, mas sem tirar os olhos dos paradoxos e das dificuldades.

Recife, abril 1991

NOTAS

(1) – SALDANHA, N. "Cultura e Filosofia na América Latina". In: *Humanismo e História. Problemas de Teoria da Cultura*. Rio de Janeiro, Ed. Fundarpe – José Olímpio, 1983, pp.93 e segs.

(2) – RAMA, A. *A cidade das letras*. Trad. Emir Sader. São Paulo, Ed. Brasiliense,1985, pp.54 e seguintes.

(3) – Cf. TRIGEAUD, J.M. *Philosophie Juridique Européenne*. Bordeaux, Editions Bière, 1990, p.75.

(4) – Ver ZÉA, L. *La Filosofia como compromiso y otros onsayos*. México, Ed. Tezontle, FCE, 1952, pp. 36 ("inutilmente nuestros pueblos han tratado de romper com la tradición que les tocó em suerte") e 98. Cf. PAZ, O. El *Laberinto de la Soledad*. 2.ed. em 13ª reimpressão, México, FCE, 1984, passim.

(5) – TODOROV, T. *La Conquista de la América. La cuestión del otro*. Trad. Flora B. Burlá. México, Ed. Siglo XXI, 1987. Neste livro notável estão analisados os problemas do contraste entre dois **modos** de pensar, de viver e de falar, com consequente destruição de um pelo outro.

(6) – FELDE, Z. *El problema de la cultura americana*. Buenos Aires, Ed. Losada, 1943, pp.31 e seguintes ("En todo caso, jamás hemos pasado, para ellos, del rango de discretos aprendices", p.34). – Nas raízes deste sentimento latino-americano vamos encontrar o fato de que a evolução da **imagem** da América Latina, construída pelos europeus e pelos americanos do norte, tomou frequentemente feição negativa, inclusive em face dos **mitos** de que se formou. Sobre o assunto, MONSIVAIS, C. "Relations de Voyage en Mexique. De qualquer mythes bien établis". In: *Diógenes*. (Unesco, Paris), Gallimard, 1984, n.125. – Em 1750/1753, Tiepolo pintou, em Würzburg, um afresco

alegórico intitulado *América*, onde aparece uma rainha indígena seminua sobre um enorme crocodilo, ladeada por homens com turbantes orientais.

(7) – *Meditación del pueblo joven* (Buenos Aires, Ed. Emecé, 1958), passim. Os equívocos e ligeirezas deste livro talvez se devam, em parte, ao fato de que o pensador espanhol se dirigia principalmente aos argentinos, cujas raízes pré-europeias não são as mesmas dos mexicanos ou peruanos.

(8) – Ver SCHNEIDER, H. W. *Historia de La Filosofia Norte-americana*. Trad. E. Imaz. México, FCE, 1950, partes I e II. V. também a coletânea org. por A. P. Whitaker, *Latin America and the Enlightenment*. Nova Iorque, Ed. D. Appleton, 1942.

(9) – Cf. RAMA, A. *A Cidade das Letras*. cit., pp.82 e segs.

(10) – FELDE, Z. *El Problema*. cit., passim, e também CLISSOLD, S. *Perfil cultural de latino-america*. Trad. J. M. Garcia. Ed. Labor, Barcelona 1967. Cf. ainda MORSE, R. *O Espelho de Próspero. Cultura e Ideias nas Américas*. Trad. P. Neves. São Paulo, Ed. C. das Letras, 1988.

(11) – IMAZ, E. *Topía Y Utopia*. Ed. Tezontle (FCE, México, 1946), pp.44 e seguintes, – Para o caso do Brasil, ver o livro de HOLANDA. S.B. de. *Visão do Paraíso. Motivos edênicos no desenvolvimento e colonização do Brasil*. Rio de Janeiro, Ed. José Olímpio, 1959, e também FRANCO, A. A. M. *O índio Brasileiro e a Revolução Francesa: as origens brasileiras da teoria da bondade natural*. 2.ed. Ed. José Olímpio, 1976). – Ainda o Estudo Introdutório de ROIG, A. A. à sua antologia comentada: *La utopia en el Ecuador*. Quito, Ed. do Banco Central, 1987.

(12) – Sobre a peculiaridade do pensamento latino-americano, FELDE, Z. op. cit., pp.13 e segs., 43 e segs.; ZÉA, L. *La Filosofia*, cit., pp.31 e segs. Cf. também BRU, V. C. *Cuales*

son los grandes temas de La filosofia latinoamericana? México, Ed. Novaro, 1959, e também a "Introdução" de FRANCOVICH, G. ao seu livro **Filósofos Brasileiros**. Irineu Strenger. Trad. 2.ed. São Paulo, Ed. Flama, s.d.; Rio de Janeiro, Ed. Presença, 1979). Ver ainda KUSCH, R. *Esbozo de una antropología filosófica americana.* Buenos Aires, Ed. Castañeda, 1978.

(13) – *El Laberinto de la Soledad*, cit., p.43 ("nuestra pobreza puede medirse por el número y suntuosidad de las fiestas populares. Los países ricos tienen pocas: no hay tiempo, ni humor").

(14) – Vale recordar, a propósito dessa alternativa, o paralelo traçado por Hélio Jaguaribe entre Unamuno e Ortega: aquele, zelotista no sentido de Toynbee, isto é, demasiado cioso das tradições nacionais (embora um zelotista "ilustrado"), este **herodiano**, aberto à cultura dominante, embora de modo "crítico", (JAGUARIBE, H. *"Prólogo" a Ortega y Gasset. História como Sistema/Mirabeau ou o Político.* Ed. Univ. de Brasília, 1982, p.4).

(15) – Cf. por exemplo, para o caso do Chile, LASTARRIA, J. V. *Lecciones de Política Positiva.* Santiago, Imp. de el Ferrocarril, 1874. Para o positivismo brasileiro (combatido de diferentes maneiras por Silvio Romero e por Farias Brito), cf. nossa *História das Ideias Políticas no Brasil.* Recife, Ed. UFPE, 1968, capítulos XVIII e X. Nova edição, Senado Federal, 2001. Para o caso argentino, cf. os primeiros capítulos em CATURELLI, A. *La Filosofia en la Argentina Actual.* Buenos Aires, Ed. Sudamenicana, 1971. – Para um paralelo, RODRIGUES, R.V. *Liberalismo y conservatismo en America Latina.* Bogotá, Ediciones Tercer Mundo, 1978.

(16) – *El Laberinto*, p.127.

(17) – Para algumas informações literárias, ver RIBEIRO, L.G. *O Continente Submerso. Perfis e depoimentos de grandes escritores de "Nuestra" América.* São Paulo, Ed. Best Seller, 1988.

(18) – Cf. ZÉA, L. "El problema cultural ibero". In: *Dianoia*. México, Anuário de Filosofia, Ed. /FCE, 1959 ("Ya no más el universalismo donado por el Occidente, sino el universalismo que da la consciencia de formar parte de uma comunidad más amplia que la puramente nacional u occidental", p.13).

Recife, abr. 1991
(Publicado na revista *Ciência e trópico*,
da Fundação Joaquim Nabuco, Recife, 1992)

Filosofia e história

A propósito da obra e do centenário de Joaquim de Carvalho

Os escritos de Joaquim de Carvalho, produzidos sobretudo a partir de 1916, quando o escritor tinha vinte e quatro anos (refiro-me à sua tese sobre Antonio de Gouveia), mostram um peculiar encontro dos caminhos da filosofia com os da historiografia. Evidentemente o mesmo se poderá dizer de outros grandes espíritos deste século, ou do passado: o mesmo terá ocorrido com Benedetto Croce, com Max Weber, com Alfonso Reyes, com o próprio Dilthey.

A preocupação de Joaquim de Carvalho com a história, incluindo como foco central a evolução da cultura portuguesa, desdobrou-se em torno desse foco em busca de conexões e de complementações que abrangeram a visão da própria "cultura europeia" e a própria noção de historicidade. A cultura europeia como campo de temas e de fontes, a historicidade como objeto de reflexão fundamental: e aí, na junção das duas coisas, o encontro de caminhos, a união da erudição histórica com a lucidez filosófica.

E isso vale sempre, como valeu a Joaquim de Carvalho, problemas eventuais com os colocadores de rótulos:

não faltou quem lhe recusasse o título de filósofo[1]. A tal ponto chega o pensamento universitário, encaixilhado nas especializações e nas exclusões "departamentais". Com Max Weber também aconteceu questionarem (a sério) sobre se teria sido economista, historiador ou pensador político. Com tantos outros, também.

Pois fazer filosofia e elaborar historiografia poderiam ser duas coisas separadas, distintas e irredutíveis apenas para um ponto de vista especializante, sobretudo para uma perspectiva a-histórica, com a qual se entendesse a filosofia como um pensar rigorosamente abstrato e necessariamente "sistemático". Mas depois do advento do historicismo – com Dilthey, com Meinecke, com Ortega –, tem sido compreensível que no mundo contemporâneo a história (ou antes a visão e tematização das coisas históricas) é o principal alimento do filosofar. Um filósofo que, como Husserl, pretendeu construir um pensamento a-histórico, feito de análises apriorísticas, veio no fim da vida a debruçar-se quase dramaticamente sobre a história, quando escreveu seu livro sobre a crise das ciências[2].

Ao juntar filosofia e historiografia Joaquim de Carvalho não "misturou" as coisas: colocou seu pensamento dentro dos estudos de história da cultura sem desvirtuar o sentido da investigação objetiva. Aliás, os estudos de história da cultura vêm sendo uma constante na vida intelectual portuguesa desde sua geração, herdeira ainda da erudição oitocentista, mas amparada em recursos metodológicos maiores.

* * *

Em trabalho produzido em 1949 e reescrito em 1960, *Situação atual do pensamento filosófico português,* Carlos Branco destaca três tendências intelectuais saídas do clima gerado em Portugal em 1910, com a nova República[3]. Com referência às duas primeiras tendências, ele menciona Antonio Sérgio e Leonardo Coimbra, aquele historiador e pedagogo, este filósofo e orador de grande relevo, autor da doutrina "criacionista"[4]. A terceira tendência teria correspondido ao "integralismo lusitano", movimento político tradicionalista comparável à *Action Française.*

Nesse quadro, em que mais política e literatura aparecem do que filosofia propriamente dita, enquanto que a erudição acadêmica se desenvolvia pacífica e segura, os trabalhos de Joaquim de Carvalho se sucediam, a partir de sua tese de 1916. Penetravam no país os temas da fenomenologia, do historicismo e do existencialismo, que aparecem, por exemplo, na obra de Delfim Santos, em décadas do meio do século. Começaram, naquelas décadas, a surgir os livros de Álvaro Ribeiro, polemicamente antipositivistas. Esses nomes se completariam com os de José Marinho, Manuel Antunes, Cabral de Moncada e tantos outros[5].

Em nenhum, porém, se encontrará talvez um tão caracterizado desenho das relações entre o saber histórico, elaborado inclusive com os instrumentos da filologia, e a especulação filosófica, esta na verdade saindo daquele, brotando dela como uma dimensão vertical, como em Joaquim de Carvalho[6].

Vale, aliás, destacar este dado: Joaquim de Carvalho, antes de tudo historiador, não perdeu jamais o senso do documento; tampouco limitou-se ao documento, como certos autores menores que se reduzem a copiadores de papéis[7]. Nem o permitiria o campo a que se dedicou, o da história da cultura, onde cada texto pede um contexto, onde cada problema de pesquisa inclui um horizonte hermenêutico. E sua formação filosófica, sólida e séria, preencheu esses momentos desdobrando – cabe de novo o verbo desdobrar – de dentro do **saber** histórico o **pensar** filosófico.

Concerne registrar que o contato com o constante labor histórico deu ao pensamento do mestre de Coimbra um caráter pouco dogmático. Esse aspecto se acha registrado por José de Pina Martins no excelente estudo com que abre um dos volumes da *Obra Completa de Joaquim de Carvalho;* seu tema essencial teria sido a problemática do Homem, como "alfa e ômega de todas as aventuras do espírito contemporâneo e descobridor"[8]. Nisso se tem, no pensamento de Joaquim de Carvalho, um sentido consoante com as linhas mais expressivas do espírito contemporâneo, onde os problemas da temporalidade e a compreensão da experiência humana aparecem com mais força do que as preocupações formais. Consoante, também, com as tendências e constantes mais características do filosofar português, sempre siderado pelo tema do homem: o homem, seu ser, seu destino, sua circunstância.

* * *

Como dissemos acima, em Joaquim de Carvalho o perfil dos temas filosóficos brota de dentro dos estudos históricos como uma consequência do aprofundamento da visão. Falar do Renascimento, como no magistral ensaio sobre Francisco Sanches, é conhecer e compreender os problemas humanos da época; do mesmo modo no caso de Petrus Ramus ou de Antonio de Gouveia. Do mesmo modo ao falar de Camões. O persistente retorno de Joaquim de Carvalho às formas e às figuras dos séculos XVI e XVII terá sido particularmente propício ao desenvolvimento de uma clara e profunda concepção sobre o homem moderno e sobre a modernidade: a modernidade como algo nascido de uma alteração nas relações entre o homem e o mundo[9].

Consciência do homem moderno pressupondo evidentemente uma imagem do humano, a ideia da modernidade pressupondo consciência do histórico. Essa consciência, a do histórico, terá sido base, em Joaquim de Carvalho, para a do caráter temporal e relativo da filosofia – desta e do filósofo, portanto do filosofar, coisas situadas e condicionadas, porquanto humanas.

Com a consciência da historicidade associou-se em seu espírito a preocupação com a cultura portuguesa, de onde retirou temas para tantas monografias eruditas. Além das monografias, deu-nos também o mestre de Coimbra um exemplar reexame da "Evolução da historiografia filosófica em Portugal até fins do século XIX[10]. Nesse trabalho, cuja natureza corresponde mais ao encadeamento e à crítica do que à documentação exaustiva, aparecem observações pessoais muito interessantes, inclusive as referentes a Latino Coelho e a Oliveira Martins.

* * *

Não cabe entender a filosofia apenas como um modo de pensar, como um plano ou um nível da reflexão e da especulação, mas também como um saber, um conhecimento. Um conhecimento referido a determinados problemas, junto aos quais se incluem figuras, obras, referências. Um saber que abrange o concernente ao modo como aqueles problemas vêm sendo tratados. Daí que à historicidade de seus conteúdos. Uma implica a outra, uma realimenta outra.

Recife, em out. 1990

NOTAS

(1) – Cf. MARTINS, J.V.P. "Joaquim de Carvalho, o homem e a obra". In: *Obra Completa de Joaquim de Carvalho*. Vol. I, tomo 1. Lisboa, Fundação Calouste Guibenkian, 1978, p. VII.

(2) – HUSSERL, E. *The crisis of European Sciences and transcendental phenomenology*. Trad. David Carr. Evanston, 1970.

(3) – BRANCO, C. *Situação actual do pensamento filosófico português e outros ensaios*. Lisboa, Edições Ática, 1960, pp.17 e segs.

(4) – Cf. DIONÍSIO, S. *Leonardo Coimbra. O Filósofo e o Tribuno*. Coleção Pensamento Português, Imprensa Nacional, 1985.

(5) – Ver o notável estudo de CAEIRO, F.G. *A Noção de Filosofia na Obra de Manuel Antunes*. (separata de *Ao Encontro da Palavra, homenagem a Manuel Antunes*. Lisboa, 1986).

(6) – Carlos Branco recorda a importância do estudo de Joaquim de Carvalho sobre a saudade, em 1950, no "Congresso Luso-Espanhol para o Progresso das Ciências", estudo onde o próprio alcance temático da filosofia se achava redimensionado (*Situação actual*, cit., pp.22 e segs.).

(7) – Tivemos oportunidades de acentuar este aspecto no texto "Na Morte de Joaquim de Carvalho", publicado no Recife em janeiro de 1959 e incluído em *Temas de História e Política*. Recife, Ed. UFPE, 1969.

(8) – CARVALHO, J. de. *Obra Completa*. op. cit., vol. I, tomo 2, p. X.

(9) – "A modernidade nasceu no dia em que o homem se reconheceu diverso do mundo e pôde provar a solidão imensa que o envolve: um universo silencioso, descolorido, inodoro, insípido, e não constituído por coisas" – Discurso na

Academia das Ciências de Lisboa, In: *Obra Completa*, vol. I, tomo 1, p. 57.

(10) – Cf. *Obra Completa*. vol. I, tomo 2, pp.121 e segs.

Recife, 14 de out. 1990
(Publicado no jornal A Voz da Figueira, Figueira da Foz, Portugal, ano 37-8, n. 1940, 20 de dez. 1990)

História, utopia, história

Palavras adicionais para a 2ª edição

O humano, que ocorre no título e em um dos textos do livro, alude a um conceito óbvio mas mal definido, e por assim dizer fluido em seus contornos, os quais correspondem, com está dito ao início do ensaio que abre o livro, a "configurações superpostas". Ou, como também está naquele texto, a algo corruptível e deformável mas constante e preservável. Faces do humano, portanto: ambiguidades, complementaridades e perecibilidades.

Facilmente se constatam as diferentes formas assumidas pelo humano, quer como "aspecto" (ou representação), quer como objeto. Facilmente também, entretanto, perdem-se as referências com a passagem de um ângulo a outro. Ou outros, outros tantos fios de Ariadne que a cada passo servem aos homens para recuperar posturas iniciais ou evitar labirintos, com o que se passa porém a outros labirintos.

A este ponto recordo um autor que teve seu momento, e que inspirou seriedade aos leitores do século XX, mormente os da transição da primeira metade à segunda. Refiro-me a Gabriel Marcel, filósofo honesto e sem histrionismos, preocupado com a consciência do humano (*Les hommes contre l'humain*).

* * *

É evidente, e por diversas vezes repetido, que o amontoado de referências ao homem (e ao humano), acumuladas desde o mundo antigo, levou a várias revisões e reinterpretações. Levou a buscar, dentro do acervo, duas ou três linhas mais inteligíveis. O humano, com alusão a que tanta coisa se cita, desde a longa frase de Terêncio (*homo sum* etc) e a política de Alexandre o Grande[1], o **humano** se concentra discretamente como adjetivo – ou como atributo –, enquanto o **homem** se debate entre muralhas e batalhas, dinastias e crenças, alfabetos e ritos.

* * *

A ideia de retirar de dentro da antropologia filosófica uma teoria política, ou de encontrar em cada teoria política uma visão ao menos implícita do homem. O "animal político", da sempre citada frase de Aristóteles, é em toda parte político *peri fiseus*, por natureza, e sua figura como fazedor de política não se separa de sua situação ontológica ou de sua condição, a *humana conditio* sobre a qual vários pensadores já tem escrito.

Vêm fazendo isto os autores modernos em diferentes momentos, inclusive ao citarem os clássicos – velha intertextualidade – e ao afagarem as latências temáticas que eles carregam. A linha mais visível e mais fértil, porém, no que tange à "construção" de uma teoria política deve ser realmente a que parte da *polis* grega (com sua exemplaridade e suas implicações pré-helênicas) e da oratória do tempo de Cícero.

* * *

E como sempre a menção à história. O autor se propõe rever conceitos e conceituações que têm seu peso mas nunca são imóveis: conceitos que trazem para dentro de qualquer texto agitação e reflexão.

Chamamos de história a um conjunto de fatos, vistos em sua inserção no tempo. Fatos da grande cena "geral" ou internacional, ou das pequenas órbitas da história "local", que cabe entender nos moldes da história "maior". Chamamo-los de história conscientes de que **são** um modo de apresentar-se dos próprios fatos. Mas a quem se apresentam? Para quem são fatos no sentido de terem efeito e sentido? Para alguém. Pois fatos ocorridos sem terem efeito sobre alguém não seriam fatos históricos: vêm da presença, próxima ou distante, de uns tantos seres humanos, a sua caracterização **como históricos**. A isto, correspondem os registros mais antigos, ditados por interesses administrativos (como no caso das sempre reestudadas tabuinhas mesopotâmicas), ou os longos textos misturados de mitologia e de poesia: reis que vencem guerras, monumentos que são levantados, estradas e navios. A história, portanto, como testemunho.

* * *

A menção à *polis*, inevitável pela força de seu apelo como imagem, e pelo gosto das coisas clássicas que costuma encontrar-se nos grandes autores, corresponde na historiografia ocidental a umas tantas implicações. Assim, ela implica um olhar sobre a história das cidades (o fenômeno cidade como ocorrência especial). E um questionamento sobre a figura da Grécia (o "mundo grego") como realidade exemplar. Implica, ao menos de certo modo e em alguns momentos, um interesse pela história do tema das formas de governo (escrevemos sobre isto no ensaio "O poder e sua imagem", ora incluído no livro *Filosofia, Povos, Ruínas*, de 2002). Data possivelmente da Grécia o debate sobre as formas assumidas pelo poder, e aqui entraria uma digressão com referência ao trecho do livro de Políbio (*Histórias*, livro VI) em que se estabelece um debate sobre as formas de governo, concluindo-se que a solidez do governo romano provém de seu caráter **misto**, ou seja, do fato de nele se encontrarem a monarquia, a democracia e a aristocracia.

Ao juntarmos ao termo *polis* a expressão **diálogo**, teremos portanto uma aproximação à experiência política helênica, que só em parte passou aos romanos: uma experiência com a presença de partidos e de "representação". Teremos o diálogo como instrumento da razão política, e a democracia como razão e como processo. Os gregos dialogavam, e como eles os romanos, embora a **forma** diálogo, cultivada exemplarmente por Platão, não trouxesse propriamente uma pregação democrática (em Platão a elaboração conceitual de uma utopia teve, para usar um termo vindo de sua própria metafísica, um caráter paradigmático).

Talvez se possa dizer (abrindo aqui uma outra digressão) que em toda formulação política se encontra em algum grau o componente utópico. O livro inclui algo sobre o tema da utopia, e no presente passo chegamos às bordas do tema da teorização política: seus conteúdos e sua maneira de formar-se. Certamente que os exemplos clássicos nos mostram a elaboração de teorias ou de "doutrinas" a partir de situações concretas, com suas alegações e seus apelos. Mas também vemos, naqueles exemplos, os experimentos e as alterações incidindo sobre a realidade com base nas formas da linguagem e na persuasão das palavras.

* * *

No Ocidente moderno, cercados de papel impresso (e já agora, de textos virtuais e comunicações que se entrecruzam), não é muito fácil imaginar um mundo com poucos textos, como deve ter sido o mundo egípcio ou o persa; mas no fundo a relação entre a vontade e a escrita terá tido, no tempo dos Faraós, a mesma significação que hoje.

No "mundo grego", e no romano (cabendo aliás entender os dois como uma unidade cultural), a tendência crítica, que depois se tornaria didática e polêmica, deu forma às reivindicações da plebe, provocou o debate sobre a escravidão – no caso a de Roma, ao tempo de Spartacus – e levou à alusão ao **urbanismo**, berço aliás do pensamento utópico: refiro-me sobretudo aos casos de Faleas e de Hipódamo[2].

* * *

A **utopia** sempre foi tentada (e teorizada) como algo com uma relação ambígua com a história. A ela não falta apenas espaço (*u-topos*), mas também tempo: cada utopia inventa sua possibilidade de localizar-se, ou permanece quieta nas páginas dos livros, sejam páginas de Platão ou de Morus. Talvez por isso não morram facilmente. Escreveu Maria Zambrano que a história das utopias é a história mais verídica da cultura ocidental[3].

As utopias, que alguém já advertiu para que não se as confunda com "quimeras", relacionam-se sempre com a imagem de algo "melhor". Assim as utopias antigas transitam para a história moderna associando-se à ideia do **progresso**, embora esta ideia (que às vezes aparece como o **mito** do progresso) não se incorpore aos atributos **conceituais** da noção de utopia.

* * *

O pensamento utópico dos séculos XVIII e XIX não se reportou às utopias do Renascimento, nas quais a vigência do modelo platônico colocou um especial sentido político-pedagógico e um certo *penchant* literário. Veio ele dentro de formulações político-econômicas, e dentro da onda romântica que amava os detalhes do real e do concreto: o romantismo retomando a problemática do urbanismo[4]. À mesma época, Engels estudando a moradia dos operários ingleses. E desde então os grandes problemas demográficos e de higiene social ligados à burocracia de cada cidade.

* * *

Em termos sociológicos, tivemos o binômio devido a Karl Mannhein, ideologia e utopia (no final da década de 1920), destacando, da referência de Marx à estrutura social, com uma infraestrutura e uma supraestrutura, o qualificativo de "ideológico" para o que pertencesse ao supraestrutural. Acho um tanto questionáveis os termos em que o grande sociólogo colocava as duas formas, inclusive distinguindo – mas aí de modo mais convincente – quatro formas históricas de "mentalidade utópica": o quiliasmo dos anabatistas, a ideia liberal-humanitária, a ideia conservadora e a utopia socialista-comunista. De qualquer sorte podemos, a partir do próprio enfoque mannheimeano, ver como algo utópico seus notáveis estudos sobre planificação, hoje injustamente esquecidos.

* * *

Filosofia e história: inteiramente sem sentido, a estas alturas, ter como padrão único (a não ser como referência histórica) as filosofias que foram elaboradas ou seguem ensinando-se sem conotação histórica. São construções em que a estrita preocupação com o sistema, senão com a lógica conceitual, satisfaz o esforço específico dos autores. Mas a história é o contexto de todos os contextos; subjaz a eles. E a filosofia, passados os modelos escolásticos e os cientificismos do oitocentos, veio a compreender-se a si mesma como uma reflexão que sempre recomeça.

Durante muito tempo o pensamento ocidental organizou a filosofia como um conjunto de "partes". A arrumação das "partes" da filosofia incluiu então a metafísica e a teoria do conhecimento, tanto quanto a ética, a lógica e a estética. Fugiram a este formato certos escritores que uma historiografia mais aberta e mais compreensiva considerou filósofos (ou "filosóficos"). Assim Pascal e Montaigne. Com o Romantismo apareceram o "fragmento" e o ensaio, e o **filosofar** surgiu na literatura, na epistolografia e na memorialística. O que não significa que se tenha perdido a imagem do pensar filosófico como sistemático

e autoarticulado   Essa imagem, que também se expressou nos
evolucionistas e   .entificistas do século XIX, perdeu um pouco
(mas só um pou   ) de sua presença e de seu poder de persuasão
no trânsito ao se   ulo XX, quando a fenomenologia e o historicismo começara   a crescer dentro das obras de teor filosófico.
Daí a axiologia (ıclusive por mão de Scheler), daí Nietzsche e
daí Simmel, para   eferir apenas três pensadores importantes. Em
Simmel, que pen: u em uma sociologia sistemática baseada sobre
a ideia de forma,   u das "formas de socialização", o trato sempre
sugestivo com te   ıas aparentemente banais que até seu tempo
não eram "filos   icos" (ou eram escassamente sociológicos),
como a ponte e   porta, a paisagem, a moldura e outros. Esta
voga de temas i   ólitos, ou não propriamente filosóficos, mas
literariamente fee   ndos, deu lugar, como se sabe, a uma onda de
conferências, qu   floresceu na Europa nos dias de Bergson, de
Heidegger e de C   ega (e também no Brasil com Bilac e outros).

Pessoalme   e considero mais rendosa para a filosofia esta
partilha de tema: com a literatura (Borges entraria também no
número dos que :   representam) do que sua adesão à matemática
e à lógica, como   ı época do neopositivismo e de Wittgenstein.
Partilha de temas   :ujos limites a própria filosofia deve estabelecer, como, vale re   istrar, ocorreu na maioria dos casos. Isto corresponde à disci   na que apesar de tudo deve ocorrer na filosofia para conter   permissibilidade terminológica que cresceu
a partir do sécul   XX, inclusive com o abuso de combinações
linguísticas ou eti   ıológicas. Este abuso vem colocando a linguagem filosófica a s   viço de que já denominei "derridadaísmo".

* * *

Alusão ao humano. As ênfases de Nietzsche estavam quase sempre relacionadas à preocupação com o **humano**. O humano aparece na genealogia da moral, no Zaratustra, no demasiado humano. Nas décadas iniciais do século XX começou a preparação de ditaduras e de radicalismos que expressavam, entre outras coisas, o esquecimento de que o humano é feito de pluralidades, de nuances e de convergências. Esta afirmativa cabe tanto para mencionar acordos como desacordos, épocas de paz como épocas de guerra, pois que todas estas coisas incluem o humano e se incluem nele. O humano, queira-se ou não, se configura em função de perspectivas: cada "visão do mundo" abrange obviamente um modo de ver o homem e o humano. O humano é sacado de dentro de determinados componentes a partir de indagações eruditas ou de lembranças pessoais, de cansaços existenciais ou de euforias retóricas, no cotidiano ou nos "acontecimentos". Isto evidentemente envolve valorações, envolve ideias e crenças (valha a distinção posta por Ortega). O homem (como escrevi em outra parte) está todo o tempo fazendo-se e refazendo-se: o homem como queda e projeto.

NOTAS

(1) – Cf. nosso estudo "Oriente, Ocidente e América Latina". In: *Tempo Tríbio*, Recife, vol. 1, número 1, 2006, p. 46.
(2) – Frank e Fritzie Manuel. *El pensamiento utópico en el mundo occidental* (ed. Taurus, Madrid 1984), vol. I.
(3) – *Dictados y sentencias,* Edhasa, Barcelona, 1999, p. 44.
(4) – L. Benevolo, *Origenes del urbanismo moderno*, Edicion Blume, Madrid 1963.

Impresso em São Paulo, SP, em dezembro de 2010,
com miolo em off-set 75 g/m²,
nas oficinas da Orgrafic.
Composto em Berkeley, corpo 12 pt.

Não encontrando esta obra em livrarias,
solicite-a diretamente à editora.

Manuela Editorial Ltda. (A Girafa)
Rua Caravelas, 187
Vila Mariana – São Paulo, SP – 04012-060
Telefone: (11) 5085-8080
livraria@artepaubrasil.com.br
www.artepaubrasil.com.br